お金持ちになる習慣

「生きたお金の使い方」が身につく本

清流出版

0　はじめに　お金が集まってくる生活習慣とは…?

同じような仕事をしていて、同じような経済環境にあるはずなのに、お金に縁がある人と縁がない人というのはくっきりと分かれてしまうものです。

その違いは単に、運がいい、悪いということだけに関係しているわけではありません。**お金持ちになれる人となれない人を比較すると、そこには明確な生活習慣の違いが存在します。つまり、日頃の何気ない行動の中に、お金を引き寄せる力と遠ざける力が働くのです。**

お金を引き寄せる力と言っても、それは魔力のようなものではありません。お金は経済原理に基づいて動いており、集まるべきところに集まります。その流れをコントロールできた人がお金持ちになれるわけです。

筆者は、これまで数多くの富裕層と交流し、その行動原理について研究してきました。また筆者自身も富裕層の仲間入りを果たすことに成功し、彼等の行動原理を体験的に知る立場でもあります。

本書は、筆者が接してきた富裕層の行動や、筆者自身の体験をふまえ、毎日の生活習慣とお金にはどのような関係があるのか明らかにしたものです。

本書には、お金には関心を持っているものの、どうしたらお金持ちになれるのかまだよく分かっていない、Aさん（男性）とB子さん（女性）が登場します。どちらも会社勤めをしている30代です。

Aさんは専門商社に勤務しており、職種は営業です。顧客に自社の商品の活用方法を提案しています。B子さんは販促関係の会社に勤めていて、主にイベント関連を担当しています。

各節の冒頭には、Aさん、あるいはB子さんの身の回りで起きた出来事が書かれています。その出来事をベースに、**どのような行動を取れば、お金に縁のある生活を送ることができるのか、ポイントごとに解説していきます。**

本書は全部で7つの章で構成されています。

第1章は、多くの人にとって関心があるテーマ「節約」について扱っています。多くの人が何となく気付いていると思いますが、節約だけに血道を上げても、お金に縁ある生活を送れるわけではありません。

節約はまとまったお金を作るための手段であり、それ自体を目的にしてはいけないことや、生きたお金の使い方をすることが大事であることが、お分かりいただけると思います。細かすぎるくらいなら、むしろ、どんぶり勘定の方がよいという意外な話もあります。

第2章は人とのコミュニケーションについてです。

経済活動が人と人との関係で成立している以上、経済的にうまくいくのかどうかは、人とのコミュニケーションにかかっています。

コミュニケーション力というと、何やら難しそうな方法論が並ぶイメージがありますが決してそうではありません。コミュニケーション能力を上げるには、ちょっとした気遣いや注意力が大きな効果を発揮します。これを理解できるかできないかで、あなたの人生は大きく変わるはずです。

第3章は、行動力についてです。

行動力のある人がお金持ちになりやすいということはよく知られています。しかし、行動力というのは、単にフットワークが軽いとか、馬力があるという意味ではありません。決断が早い人は、決断が早いのではなく、準備がしっかり整っているのです。行動力とは合理的に物事を考え、準備をしっかりすることで養われるものです。

第4章は投資について解説しています。

お金持ちになれる人は、やはり何らかの形で投資を積極的に行っています。これからはインフレの時代ですから、現金だけを持っているのは非常に不利となります。投資に対する関心は持っておくに越したことはありません。

しかし、投資とは何も株式投資やＦＸ（外国為替証拠金取引）をすることだけを意味しているわけではありません。「生きたお金の使い方」ができる人が、投資が上手な人なのです。

第5章は、メンタルな部分に関する話題です。

お金と縁のある生活を送ることができるのかは、経済的な面だけでなく、精神的な面にも大きく左右されます。と言うよりも、精神的な部分が自身の経済力に影響すると言った方がいいのかもしれません。

お金に関する都市伝説とどう付き合ったらよいのか、ジンクスについてどう考えたらよいのか、責任感とは何なのか、などについて考察しています。

第6章は人との付き合い方です。

経済活動とはコミュニケーションそのものですから、人とどう付き合うのかは、そのままお金の問題に跳ね返ってきます。

わたしたちは、普段、自分の人付き合いについて客観的に見つめ直す機会はなかなかありません。かくいう筆者もかつてはそうでした。しかし、漫然とした人付き合いをやめることで、わたしたちの生活は大きく変わります。

本章では、結婚相手を、単純にお金のあるなしで選んではいけないと主張していますが、お金の仕組みを考えれば、それはむしろ当然のことなのです。

第7章は、出費のあり方です。

お金に縁のある生活をできるかどうかは、どう稼ぐかも大事ですが、むしろ、どう使うかという方が重要です。

お金の使い方が下手な人は、人生をうまくコントロールできず、結果的によい稼ぎを得るチャンスも失ってしまいます。お金の使い方について日々考えることは、何よりも大事なことです。

本書に登場するAさんとB子さんの話はあくまで一つの例です。自分自身の中で、AさんとB子さんの事例に近い話を思い浮かべ、その時、自分はどう感じて、どう行動したのかチェックしてみてください。

そして、本書を読み終えた後に、もう一度その状況を思い返し、その考え方がどう変わったのかを感じ取ってください。もし何らかの変化が生じているのであれば、それは、**あなた自身が、お金持ちに向けて一歩進み出した証拠と考えてよいでしょう。**

各章は基本的に独立していますから、基本的にどの章から読み進めても構いません。まずは興味のあるところからスタートしてみてください。

本書の登場人物

お金に興味はあるが、どうしたらお金持ちになれるのかわからない30代のAさんとB子さん。

本書では、2人の身近な日常生活の出来事から、どのように振る舞ったらお金持ちになれるのかを解説します。

Aさん（30代・男性）

専門商社に勤務。職種は営業。顧客に自社の商品の活用方法を提案している。まじめだが、たまに支出過剰に。

B子さん（30代・女性）

販促関係の会社に勤務。主にイベント関連を担当している。慎重・堅実派。

目次

お金持ちになる習慣

第1章

節約はお金持ちへの近道？

第2章

お金持ちはいい人？

第3章

行動力があればお金持ちになれるのか

第4章

お金持ちは投資が大好き

第5章

精神論ではお金持ちになれない？

第6章

人との付き合いは、お金との付き合い

第7章

お金持ちになるために、出費は必要か？

第1章

節約は
お金持ちへの近道？

○大きく稼がないとお金持ちになれないの？

Aさんはある日、会社の同僚二人と飲みに行きました。その日はどういうわけか、将来のことが話題となりました。

同僚の一人は、いつか会社を辞めて独立したいと考えています。リッチな生活をして、老後も心配なく過ごすためには、大きく稼ぐ必要があると考えているようでした。

これに対して、もう一人の同僚はまったく正反対でした。「俺は今の会社にずっと残る」と宣言しています。人生設計を立て、しっかりと貯蓄していけば、それなりに豊かな人生を送ることができると彼は信じています。

独立したいという同僚は「そんなの幻想だ」と言い、会社に残りたいという同僚は「独立して失敗したら、すべて水の泡だぞ」と切り返しています。

ところでお前はどうなんだ？と聞かれたAさんは、答に窮《きゅう》してしまいました。

正直なところAさんにはどちらが正しいのか分からなかったのです。やがて疲れて三人とも帰路につきましたが、Aさんはすっきりしないままです。

お金は人の覚悟に寄ってくる

Aさんたちの議論は、実は非常に重要です。これは、お金に関する根本的な問いかけと言ってもよいものだからです。

Aさんの同僚がそれぞれ主張するように、**お金持ちになるには、以下の二つの方法があります**。と言うよりも、この二つの方法以外にないと言った方が正確でしょうか。

①大きく稼ぐ

②節約して貯める

片方の同僚は①を選択すべきだと主張しており、もう一人の同僚は②を選択すべきだと主張しているわけです。

現実問題として、それなりの額の資産を築こうと思った場合には、①の大きく稼ぐという選択肢を選ぶ必要があります。しかし、もう一人の同僚が言うとおり、独立したり起業したりすることには大きなリスクを伴います。大きな稼ぎというのは、そうしたリスクと引き換えに得られるものなのです。

②の節約という方法を選択した場合、残念ながら巨額の資産を作ることはできません。しかし、お金持ちと言ってもそのレベルは様々ですし、人によってお金持ちとしてイメージする金額もバラバラです。

1億円以上の資産がなければお金持ちではない、と考える人もいるでしょうし、3000万円くらいの資産があれば、十分リッチだと思う人もいるでしょう。1000万円あれば、それだけで夢のような金額だ、という人もいるはずです。

1000万円や3000万円というレベルでよければ、普通の人でも実現が不可能な金額ではないと筆者は考えます。しかし、節約だけでこの金額を作ることは並大抵ではないでしょう。もしかすると、独立して事業を始めるのと同じくらいの覚悟が必要となるかもしれません。

重要なことは、どのくらいのお金を作りたいのかというイメージをしっかり持つことと、ラクしてお金持ちになるという方法は存在しないという現実を理解することです。

その上、リスクを取って大きな金額を稼ぐのか、徹底的に節約してお金を貯めるのか、自分のスタンスをしっかりと決めていく必要があるわけです。

その意味で、Aさんの同僚は、Aさんより一歩進んでいるかもしれません。リスクを取るか、徹底的に節約するのか、という違いはありますが、中途半端な状況にはなっていないからです。

ですが、Aさんはそうでもありません。リスクを取って大きく稼ぎたいところですが、失敗が怖い。一方、コツコツ節約ばかりしていたのでは、バカバカしい。Aさんの気持ちは、おそらくこんなところでしょう。

しかし、不思議なもので、**お金というものは、お金が大好きです。お金はお金があるところに寄ってくるのです。**この言葉は、お金は、お金を作ろうという覚悟のあるところに寄ってくると言い換えることもできます。

まだ本格的な行動には移していませんが、Aさんの同僚には覚悟ができつつあります。でもAさんには、まだ十分な覚悟がありません。

お金はAさんではなく、Aさんの同僚の周りで動き始めるはずです。もし同僚二人が、本格的にお金を作るために動き始めれば、その違いはより顕著になってくるでしょう。

お金のことなど考えずに、とりあえず目の前の仕事をがんばり、日々の出来事の中で楽しみを見出せばよい。そんな考えもあるかもしれません。

しかし、あなたがお金と縁のある生活を送りたいと考えるのならば、まずはその覚悟を決めるところから始めることが重要となるのです。

○１００円ショップの買い物は節約になるのか？

Ｂ子さんは１００円ショップが大好きです。

彼女の最寄りの駅には比較的大きな１００円ショップがあるので、こまごまとしたものはほとんど１００円ショップで済ませてしまいます。

１００円ショップのよいところは、やはり値段が均一なところです。買い物カゴの中の点数を数えれば総額が分かるので、あまり買いすぎないで済みます。

１００円ショップをフル活用しているＢ子さんは、自分では立派な節約家だと思っていたのですが、ある日、友人から思いもかけないことを言われてしまいました。

Ｂ子さんが１００円ショップをフル活用していると聞いた友人は、「１００円ショップって割高だよ」とＢ子さんに言ったのです。

１００円ショップは安いモノばかりと思っていたＢ子さんは、衝撃を受けてしまいました。果たして友人の話は本当なのでしょうか？

節約の意味を取り違えてはいけない

B子さんの友人がB子さんに言った話は半分本当で半分ウソです。

確かに100円ショップには、とても100円とは思えない、びっくりするような商品が並んでいます。確かにこのような商品を積極的に買っているB子さんは倹約家なのかもしれません。

しかし100円ショップを多用しているからといって、自分を倹約家だと考えてしまうのは、少々考えものです。 100円ショップを利用することが節約になっているのかを判断するためには、以下の二つについて検証する必要があります。

一つは、100円ショップは本当に安いのかという問題。もう一つは、自分にとってその商品は本当に必要なのかという問題です。

当たり前のことですが、100円ショップはれっきとしたビジネスです。とても100円とは思えないような商品ばかり売っていたのではお店が儲かりません。

本当に安い買い物をしているのかを考える場合には、100円ショップがどんなビジネスをしているのかを理解することが重要です。

意外に思うかもしれませんが、100円ショップは、実は非常に利益率が高いビジネスなのです。100円ショップ大手のキャンドゥの粗利率は36.5%もあります。つまり100円ショップの商品は平均すると、63.5円で仕入れているわけです。

これに対して大手スーパーであるイオンの粗利率は27%です。つまり100円の商品は平均すると73円で仕入れている計算になります。この数字は、他の大手スーパーもだいたい同じくらいの値ですから、100円ショップは儲かるビジネスということになります。

お店とお客さんの利益は基本的には相反します。お店がたくさん儲かっているということは、お客さんはそれほど得していないことになるわけです。そうなってくると、**100円ショップで買い物をすることは必ずしも節約になっていないかもしれません。**

では、100円ショップはなぜこれほどの利益を上げることができるのでしょうか?

それは、圧倒的に利益率の高い商品とそうでない商品をうまく組み合わせているからなのです。100円ショップで扱っている商品の中には、他の店では絶対に100円では手に入らない商品というモノもありますが、他の店を丁寧に探せば、100円ショップよりも安く手に入るというモノも少なくありません。もしまとめ買いをするのであれば、ネットで同じ商品を探した方が圧倒的に安いというケースはたくさんあります。

確実に安いと判断できる商品を100円ショップで買うのであれば、それは非常に賢い選択と言えるでしょう。**しかし、何でもかんでも100円ショップで購入するということになってしまうと、それは必ずしも節約にはつながらないのです。**

安いモノを買うというだけが節約する方法ではありません。場合によっては、もっと究極的な方法も存在します。つまり「買わない」という選択肢です。

100円ショップのような店は、見ているだけも面白いですし、安くて便利な商品がたくさん並んでいますから、ついついたくさん買ってしまいます。しかし、その中には、実はそれほど必要ではなかった商品が含まれているかもしれないのです。

節約の効果を最大化するためには、「必要なものを」、「できるだけ安く」、「必要な分だけ」買うという三拍子が必要です。せっかく安いモノを手に入れたとしても、それが必要ではなかったり、必要とする量を超えていたりすれば、結果的にムダな買い物になってしまいます。

よほど価格が安いという場合以外には、必要以上に買いだめするのもやめておいた方がよいでしょう。

○どんぶり勘定はお金持ちになれない？

B子さんと先輩社員の二人は、ある日、上司から、会社が主宰する予定となっているイベントの費用について調べるよう指示されました。

B子さんは、費用の規模感がよく分からなかったので、似たようなイベントを行っていた他の部署に聞きに行き、だいたいの費用を計算してみました。B子さんの計算によると、告知費用30万円、会場費15万円、ゲスト出演料25万円といった感じです。おおよその額を押さえてから、細かいところを詰めていくつもりでした。

しかし、B子さんは、先輩社員から「そんなどんぶり勘定でどうするのよ」と怒られてしまいました。先輩社員は、必要なものを全部リストアップして、一つ一つ足し上げていかなければダメだと言っています。

B子さんは先輩社員に「私生活もこんなどんぶり勘定なの？」「それだとお金貯まらないわよ」と小言まで言われてしまいました。B子さんは「どんぶり勘定」という先輩社員の一言がとても気になっています。B子さんの金銭感覚はよくないのでしょうか？

お金の管理で大切なこと

結論から言うと、B子さんの行動は間違っていません。間違っていないどころか、B子さんはお金持ちのセンスを持っている可能性があります。

多くのお金持ちの人が、どんぶり勘定に対して寛容です。筆者も基本的にはお金の管理はどちらかと言うとどんぶり勘定でしたし、今でもそうです。では、お金持ちの人がどんぶり勘定でもよいと言っているのは、どうしてなのでしょうか?

お金持ちの人が基本的にどんぶり勘定なのは、**お金を過剰に細かく管理することに何の合理性もないからです。**

お金を貯めるためには、家計簿をつけることが大事とよく言われます。もちろん家計簿をしっかりつけることができれば、それに越したことはありません。しかし、手段が目的になってしまっては元も子もありません。

お金持ち体質の人は、細かい家計簿はつけていないかもしれませんが、今の自分の年収は？　税金はいくら払っている？　光熱費はだいたいいくら？　保険にいくら支出している？　といった質問に対して、おおよその数字ですぐに答えることができます。

一方、本末転倒になっている人は、いちいち家計簿を引っ張り出してきて、一つ一つ数字を足し上げないと、光熱費がいくらなのか答えることができません。

お金の管理で大事なことは、お金の出入りがどんな状態になっているか、全体像を把握することです。細かく数字を記録することではないのです。

おおまかな支出と収入が、頭に入っていれば、自分はどこでムダ使いをしているのか、すぐに自覚することができます。またそれに対してどのような対策をしたらよいのかも、すぐに理解することができます。

しかし、細かいお金の出入りを記録することにばかりこだわっていると、こうした重要なことが頭に入りません。結果的に節約ができていないということは十分にあり得るわけです。

B子さんが指示された費用の件もまさにこれと同じ状況です。

詳細が決まっていないうちは、どんなに細かく費用を積み上げても、それは、その時点における仮定にしかすぎません。またリストアップした費用だけで本当に大丈夫なのかも判断することができません。

似たようなイベントを行っている他の部署を参考にして、まずはおおよその金額を確定しようとしたB子さんは正しいのです。

同じ1割の費用を節約するという場合でも、1万円の1割と、10万円の1割では絶対金額が1ケタ違います。お金の全体像が頭に入っていないと、1万円を1割削減することに血道を上げてしまい、10万円を削ることに思いが至らない可能性があります。

普通のサラリーマン家庭の場合、突出して支出額が大きいのは、家と保険と自動車の三つです。家計の支出を切り詰めようと思ったら、まずこの三つの中から検討するのが早道と言えます。それ以外の金額の小さいところをいくらがんばって節約しても、その金額はたかが知れているのです。

これは家計の話でも、企業の経営でも基本は同じです。自分の会社の売上高や利益などについて、おおよその数字がすべて頭に入っていない経営者は、基本的に会社をうまく経営していくことができません。

同じように、自分の支出や収入について、おおよその構造が頭に入っていない人は、やはりお金持ちにはなれないのです。**まずは自分のお金の出入りがどうなっているのか、大きな視点で理解することがお金持ちへの第一歩です。**

○タクシーは高い？　安い？

Ａさんは、高いと思いながらも、ついついタクシーを使ってしまいます。

先日は友人との待ち合わせに遅れそうになってタクシーを拾いましたし、今日も重い荷物があって疲れてしまい、やはりタクシーに乗ってしまいました。

Ａさんの給料からすると、タクシー代はとてつもなく高く感じます。タクシーに乗った後は、Ａさんはいつも「またムダ使いしてしまった」と後悔するのですが、同じような状況になるとやはりタクシーに乗ってしまいます。

しかしＡさんの友人はまったく異なった考え方をしています。

Ａさんの友人は、車を自分で持つことに比べれば、タクシー代などたかが知れていると主張します。

確かにそんな気もしますが、いつもタクシーに乗っていたら、やはり相当な金額になるのは目に見えています。

そんなことを考えながら、Ａさんは今日も終電に乗り遅れ、タクシーで帰宅です。

タクシーの乗り方で分かる「生きたお金の使い方」

お金持ちの人は総じて、タクシーが大好きです。反対に電車やバスなどの公共交通機関をあまり好みません。

それにはいろいろな理由があるのですが、それはともかく、**筆者はタクシーという乗り物は、お金のセンスを磨く上で、もっとも好都合なサービスだと思っています。**

タクシーへの出費について、明確な基準を持つことができれば、お金持ちへの道はかなり現実的になってくるでしょう。

タクシーとバスや電車を比較すると、タクシーの料金はかなり割高です。

例えば、東京都内の移動を考えた場合、電車では170円で行けるようなところでも、タクシーだと1000円以上かかったりすることがあります。

また、道路が混雑していると、かえってタクシーの方が、時間がかかることもあります。一方で、公共交通機関の接続が悪いところだったりすると、タクシーの方が圧倒的に時間を節約できるケースもあるはずです。

つまり、タクシーを選択する理由は一つではないということになります。

わざわざコストを払ってタクシーを選択するという行為には、人混みを避け、一人の空間を確保するといった、時間の節約以外の理由も存在していることになるわけです。

お金持ちの人は、基本的に一人になるためのコストとしてタクシー代を払っています。

周囲に邪魔されない空間を確保し、その間にメールをやり取りしたり、電話をかけたり、資料をチェックしたりします。逆に言えば、それだけのコストをかけてもおつりがくるくらい、その人の生産性は高いということになります。

また人によっては、ケンカや痴漢冤罪《ちかんえんざい》など、駅や電車でのトラブルに巻き込まれたくないという理由で公共交通機関に乗らないというケースもありますし、ユニークなところでは、インフルエンザの感染をできるだけ避けたいという人もいます。

こういった人たちは、効率の追求というよりも、どちらかというとリスク管理のためにコストを払っているということになります。

彼等のコスト対効果が実際どの程度なのかについては、価値観もありますから一概には言えません。お金のない人から見れば、タクシーに乗ること自体が贅沢と思えるかもしれません。

しかしお金持ちの人たちの行為で重要なのは、自身の支出について明確なポリシーを持っているという点です。この点については、誰にとっても、学ぶ価値がありそうです。**お金を支出する基準をしっかり決めていれば、一連の支出がムダだったのか、そうでなかったのか、最終的に自分自身で判断することができます。**もっとも大事なのはこの部分なのです。

お金の支出に一貫したポリシーがなければ、自分の経済的な行為のどこに問題があるのか、最後まで理解することができません。お金持ちの人たちは、こうした部分でしっかりとしているので、最終的にリッチになれたのだと考えることもできます。

タクシー代は、何も考えずに支出するにはあまりにも高い額ですし、一方、無理をすれば何とかひねり出せない金額ではありません。その意味で、何に対して支出をするのかというセンスが強く問われるわけです。タクシーがお金のセンスを見るよい試金石になると言ったのはそういう意味です。

その点でいくと、Aさんには支出に関する明確な基準がありません。残念ながら、Aさんのタクシー利用はあまり褒められたものではないようです。しかし、それなりに高い出費であったとしても、**明確な基準を持ってタクシーに乗っているのであれば、それは生きたお金の使い方をしていることになるはずです。**

○人からモノを借りてばかりの人は倹約家？

B子さんの友人は、人からモノを借りるのが大好きです。

つい先日も、話題となっていた本を読んでいたB子さんをめざとく見つけると、「その本貸して」と言って持って行ってしまいました。

B子さんは、友人がなかなか本を返してくれないので、あまり貸したくありません。ところがB子さんが「返して」と言うと、「そのうち返すから。本くらいいいじゃない」と言って嫌な顔をするので、あまり強く言えずにいます。

B子さんは被害に遭っていませんが、その友人は間接的にお金も借りています。同僚とランチに行った時のこと。その友人は「財布を忘れた」と言ってランチ代を同僚に出させ、しばらく代金を返さなかったそうです。

友人の口癖は、「ムダなお金を使わない」というもので、財布を忘れたというケースは1回や2回ではないようですから、確信犯なのでしょう。

B子さんの友人は、果たして倹約家と言えるのでしょうか？

お金持ちは人にモノを借りない

人からモノを借りてばかりのB子さんの友人が、得をしているのかどうかを判断するためには、人からモノを借りるという行為がどういうことなのか理解する必要がありそうです。

お金持ちになる習慣が身についている人は、一般的に人からあまりモノを借りません（一つの例外はあるのですが）。その理由についても、借りるという行為の本質が分かれば、納得できるはずです。

あまり意識することはないかもしれませんが、**人からモノを借りるという行為は、借りた相手から時間をもらっていることと同じなのです。**

例えばお金を出して本を買えば、いつでも好きな時にその本を読むことができます。本にお金を出すという行為は、その本をいつでも利用できる権利を買っているようなものなのです。

これを逆に考えれば、本を人から借りるという行為は、その人から、自由に本を読む時間の一部をもらっているということになります。

友人どうしの貸し借りなのでピンと来ないかもしれませんが、レンタカーの事業者から車を借りることを考えれば分かりやすいでしょう。レンタカーの料金は、どんな単位で課金されているでしょうか？　普通は「時間あたり」です。つまり、レンタカーを借りるということは、レンタカー事業者にお金を払って、その車を使う時間を買っているわけです。

1日24時間は皆に平等に与えられた資源なわけですが、**対価を払わずに、モノを借りるということは、その貴重な時間の一部をタダで奪っているわけです。**純粋に経済的な面を考えれば、貸した側が確実に損をしており、借りた側が得をしています。

友人に本を貸したB子さんの「納得できない感」は、時間を友人にあげたのに、対価もなければ、感謝の気持ちもないことから来ているわけです。

お金持ちの習慣を身につけている人の多くが、人からモノを借りないのは、このメカニズムをよく理解しているからです。

確かに本を人から借りれば、1000円から2000円程度のお金を節約することができます。しかし、相手に対価を支払ったり、十分なケアをしない限りは、お金を取られてしまったような印象を与えてしまいます。

果たして、その1000円は、相手の気持ちを害してまで、節約しなければならない金額なのでしょうか？

また、B子さんの友人は、その本に対して1000円を払う気はないので人から借りています。だとするとそれほど必要に迫られた本ではないと考えられます。そうなってくると、人から借りる必要があるのかすら怪しくなってきます。

こうした事情から、**お金持ちの習慣が身についている人は、人からモノを借りず、必要なものにはしっかりと出費するわけです。**

冒頭で、お金持ちの人の行動には例外があると述べましたが、お金持ちの人が例外的に他人から借りるのは、「大きな金額のお金」です。

ある不動産が値上がりすると思ったら、銀行からお金を借りてその不動産を購入し、あとで高く売却してからお金を返せば、売却益はそのまま利益になります。

このようなチャンスがあると判断できた時だけ、お金持ちの人は、躊躇することなく、銀行から大きな金額のお金を借りてきます。生きたお金の使い方というのは、このようなことを指しているのです。

○いいモノを長く使う人は堅実なのか？

Aさんは、両親から「いいモノを長く使いなさい」と教育されてきました。

このため、Aさんは、時計や洋服、靴などには、それなりにお金をかけています。Aさんは扱いが乱暴な人ではないので、比較的モノ持ちはよい方です。自分としては、賢い買い方をしていると思っています。

しかし、結婚して子供もいる友人の家に遊びに行った時、Aさんの考え方が少し揺らぎました。

Aさんの友人夫婦の節約ぶりは徹底しており、洋服すらもネットオークションを使って激安のモノを手に入れて使っていました。自分たちが要らなくなったモノは逆にオークションで販売して小遣いを稼いでいます。友達夫婦が言うには「そのくらいやらないと貯まらない」のだそうですが、彼等は非常に楽しそうです。

Aさんは、自分が教えられてきた価値観は果たして正しかったのか、ちょっと考え込んでしまいました。

高いモノは割高になる仕組み

いいモノを長く大事に使うというのは、とてもよい考え方ですし、お金持ちになるための重要な習慣だと思います。一方で、この言葉は、価格帯の高い商品を売るためのセールストークであることも忘れてはなりません。

この言葉をあえて格言とするのなら、**「いいモノを長く大事に使う」のではなく「どんなモノでも長く大事に使う」ということになるでしょうか。**

値段の高いモノはいいモノであることが多いのですが、値段に比例してモノの品質がよくなっているわけではありません。モノを選ぶ時には、このことをよく理解しておく必要があります。

ここに1万円のジャケットと10万円のジャケットがあるとします。確かに10万円のジャケットにはいい素材が使われており、仕立ても丁寧です。しかし1万円のジャケットに比べて10倍高く、10倍品質のよい素材が使われているのかというとそうではありません。そのカラクリは、ジャケットを売る事業者が利益を得る仕組みにあります。

ジャケットを買う消費者から見れば、1万円のジャケットと10万円のジャケットでは、懐に対するインパクトがあまりにも違います。1万円のジャケットなら手が出るかもしれませんが、10万円のジャケットなどそうそう買えるものではありません。

1万円のジャケットであれば、1000着、2000着とすぐに売れるかもしれませんが、10万円のジャケットは100着売れれば上出来という世界なのです。

10万円のジャケットはお金持ちの人を対象とする商品なので、バンバン売れると思うかもしれませんが決してそうではありません。金銭感覚を完全に失った一部のお金持ちは例外ですが、いくらお金持ちでも絶対値として10万円のジャケットは高く感じます。結果としていくらお金に余裕があっても、簡単に購入を決めることはないのです。

1万円のジャケットの原価率が50%だとすると、原価はちょうど5000円になります。このジャケットが2000着売れれば、ジャケットを売った会社は、5000円×2000着＝1000万円の儲けとなります。

しかし、10万円のジャケットの原価率を同じように50%に設定すると、1着売った場合の利益は5万円です。100着販売した場合の利益は500万円にしかなりません。1万円のジャケットで得られた利益の半分ですから、これでは商売になりません。

結果としてこのジャケットの原価率は20％程度に下げざるを得ず、ここまで下げてようやく800万円の利益となります。

お分かりいただけたでしょうか？

値段が高いモノはたくさん売れないので、儲けが少ないのです。結果として原価率を下げなければならず、価格と品質は比例しないことになります。

このジャケットの場合には、1万円の製品の原価が5000円で、10万円の製品の原価は2万円です。最終価格は10倍ですが、原価は4倍にしかなっていません。高価な商品を買う場合には、このカラクリをよく理解しておくことが大事です。

これは逆の考え方も成立します。あまりにも安いモノは、すべてを犠牲にしている可能性があるので、本当に品質が低いケースがあります。結果としてもっとも、コスト・パフォーマンスが高い価格帯というものが自然と決まってくるわけです。賢い消費者はコスト・パフォーマンスが高い商品を選び、そして使い倒します。

Aさんはモノ持ちがよいということですから、それは非常にいいことです。モノを丁寧に扱えるということは、両親からよい教育を受けたのだと思います。ここに、**モノを見極める目というものを加えれば、Aさんの消費行動は完璧になるでしょう。**

第2章

お金持ちはいい人？

○お金持ちの「ありがとう」の裏にあるものは？

B子さんは、最近、仕事である女性社長と知り合いになりました。

B子さんの会社と女性社長が経営する会社との取引はうまくいき、B子さんは、女性社長から食事をご馳走してもらいました。

食事の席で女性社長は、「B子さんのおかげで仕事がうまくいったわ」「B子さん、本当にありがとう」と何度も感謝しました。あこがれの女性社長に何度も感謝の言葉をかけてもらい、B子さんは、心からこの女性社長と仕事ができてよかったと感じました。

後日、B子さんは、社内で女性社長のことを「お金も地位もあるのに、本当に謙虚で素敵な人」と、褒めちぎりました。しかしそんなB子さんに、冷酷な一言を食らわせたのは同僚のT美さんです。

T美さんによると「ありがとう」と言うことは、タダなのだから価値はないのだそうです。感謝の言葉でいい気持ちにさせて、結局はコキ使おうとしているだけだと言うのです。

「ありがとう」は自分へのメリットになる

お金持ちの中には、見るからに下品で性格の悪い人もいますが、「いい人」と言われる割合は総じて高いように見受けられます。実際、飲食店の店員さんなどの世界でも、富裕層の人は物腰が柔らかく、サービスに対してよく「ありがとう」という言葉をかけてくれると言われています。

世の中のお金持ち本（お金持ちになるための本）を読むと、感謝の心を素直に表現できる人は信頼できるので、お金が集まってくる、というような記述も見られます。さすがにこれはタテマエであり、そんなことで簡単にお金持ちになれるわけではありません。

しかしながら、**お金持ちの人たちが「ありがとう」という言葉をよく使う背景には、やはりそれなりの理由があります。**わたしたちはこのメカニズムについて、よく理解しておいた方がよいでしょう。

人は、お金という対価をもらえれば、それだけで仕事ができるというほど単純な生き物ではありません。やはりそこには、人の役に立っている、人から感謝される、というプラスアルファがあって、はじめて大きなモチベーションにつながってくるわけです。

人に対してしっかりと「ありがとう」が言える人のところには、多くの人が集まり、結果としてビジネスにもいい影響を与えているというのは事実だと考えられます。

こうしたことはちょっと考えれば分かる話なのですが、人はなかなか人に対して感謝の気持ちを表すことができません。多くの人にとって、普段の生活で、人から、きちんとした形で感謝されるケースは思いのほか少ないのが現実なのです。

そのため、人に対して感謝の気持ちを素直に示すと相手は非常に喜び、一生懸命仕事に励んでくれます。感謝の気持ちを表す人が、今回の女性社長のように社会的地位の高い人ならなおさらです。相手は「こんな立派な人から、謙虚に感謝してもらった」と言って、非常に喜ぶことになるのです。

お金持ちの人は、こうしたことに非常に敏感です。大きなお金を稼ぐためには、相手が喜ぶサービスや商品を提供しなければなりません。また、人を雇うにしても、同じ給料の中で最大限の能力を発揮してもらう必要があります。**このため人間のモチベーションに対しては抜群のセンスを持っているのです。**

結果として、この女性社長のように、お金持ちの人は、自分へのメリットを考え、相手に対して感謝の言葉をよくかけるわけです。

もちろんお金持ちの人は、精神的に余裕がありますから、少々嫌なことがあっても、笑顔で感謝の気持ちを表現できるという部分は無視できないでしょう。しかし、感謝の言葉が人を大きく動かす原動力になっていることを熟知していることだけは間違いありません。

その意味で、女性社長がありがとうと言うのは、女性社長の損得でしかないというT美さんの説はある意味で正しいと言ってよいものです。女性社長が本当にありがたいと思った場合には、感謝の言葉に加えて、お礼をする可能性が高いからです。

しかし、T美さんのように、そこまで皮肉っぽく考える必要もないでしょう。

確かにB子さんは、女性社長から感謝され、少し舞い上がってしまいましたが、損をさせられているわけではありません。感謝の言葉をもらい、さらに仕事のモチベーションが向上するのであれば、女性社長にとってもB子さんにとってもいい話です。

ここでB子さんは、損をしていると考えるのではなく、**自分も他人に対して感謝の言葉を出すクセをつけていけば、女性社長のように結果的により多くのお金を稼げるようになる**と考えた方が建設的ではないでしょうか。

○いつも割り勘なんて格好悪い？

Aさんは人と食事をする時、なぜか人におごってしまいます。

特に会社や学校の後輩など、年下の人と飲みに行くと、つい「僕が払うよ」と言ってしまうのです。そのため、いつも月末には金欠状態になるのですが、昔、付き合っていた彼女に、一度注意されたことがありました。彼女は、「おごってばかりいても、何の得にもならないよ」「向こうはラッキーと思っているだけなんだから」と手厳しい指摘でした。

その時は「僕にも付き合いがあるんだ」などと適当に誤魔化していたのですが、よく考えてみると、元カノの言うことは正しいようにも思えてきます。

一方、1円単位まで割り勘にこだわったりしている同僚などを見ると、あのようにはなりたくない、とも感じます。Aさんにとっては、1円にまで執着している姿はみっともないと映っているようです。そこまでしないとお金は貯まらないのだろうか？　Aさんは考えるとため息が出てきてしまいます。

人におごる基準は？

人におごったり、人からおごられたり、あるいは割り勘にしたりという行為は、誰もが日常的に経験していると思います。しかし、この線引きをどこにするのかというのは、実は非常に難しい問題です。これがしっかりと峻別できれば、**生きたお金の使い方を完璧にマスターしたのも同然と言っていいくらい重要なテーマなのです。**

割り勘はスッキリしていますし、事務的な食事やお茶であれば、そもそも、お互いに気を遣う必要がないわけですから、合理的で便利な方法と言えます。一方、おごったり、おごられたりというのは、相手に対する気遣いを要求しますから、ちょっと高度なワザが必要となります。その分、こうした行為をうまく活用できれば、効果も大きいわけです。

人とのコミュニケーションにはどうしても上下関係というものがつきまといます。完全に対等な立場で付き合えるのは学生時代の友人くらいかもしれません。

後輩に対してよくおごっているというAさんのやり方は基本的には間違っていません。上の人は、下の人の面倒を見たいという根本的な欲求がありますし、下の人が喜んでご飯を食べてくれれば、それは非常に嬉しく感じるものなのです。

仕事上の食事やお茶でもこれはまったく同じことです。

中には社交辞令で「わたしが出しますから」と言う人もいますが、立場が上の人が、自分が払うと言った場合には、本気でそうしたいと思っていることが多いと考えてよいでしょう。ここで「割り勘でいいですから」と言って頑なに拒否してしまうと、「コイツ、そこまでして借りを作りたくないんだな」と思われてしまう可能性もあります。

物事には限度というものはありますが、基本的に上の人が下の人におごるというのは、自然なことですから、そこを基準に物事を考えれば間違いはありません。

お金持ちの人は、人におごることが圧倒的に多いと言われていますが、それは本当です。筆者が知るお金持ちの人の多くが、食事代を自分で払いたがります。お金持ちの人がおごりたがるというのは、社会的地位を誇示したいという欲求もあるかと思いますが、それだけではないでしょう。

お金持ちの人は、周囲の人が自分にとってどんな影響を及ぼすのかについて、人一倍神経を遣っています。お金持ちだと知るとお金を無心に来る人もいますし、何か商品を売りつけようとする人もいます。無意味に批判されたりもします。このため、自分の周囲にいる人がどんな人かなのかを確認しようとする意識が強く、まずは食事をおごることで、相手の状況を観察するわけです。

また、お金持ちの人は情報についても敏感です。

いろいろな立場の人から多くの情報を得て、自身の仕事の参考にしようとしています。このため、周囲にたくさんの人を集めておきたいという欲求があるのです。おごることが多い人の周辺には、やはり人が集まりますから、情報収集には断然有利となります。お金持ちの人がおごりたがるのはそのためです。

Aさんは金欠になって、元カノに注意されていますから、少々、支出が過剰ですが、それによって周囲に人が集まっているのであれば、それなりに効果があると言ってよいでしょう。

ただし、問題となるのはその中身です。人が集まっていると言っても、いつも同じメンバーで、いつも同じような話題なのだとすると少々問題です。そこからは何の進展もないからです。

積極的におごるという行為が、交友範囲の拡大につながっているのであれば、立派な投資で、それは生きたお金の使い方ということになりますが、単なる惰性であるならば、それは浪費にしかなりません。

○服装は大切？　それとも人間は中身？

Aさんは、普段から服装にはそれなりに気を遣っています。ただ、ブランド物にはこだわっていません。

しかし、学生時代からの友人Hさんは違います。Hさんは、それほど数は多くないですが、ブランド物のスーツをビシッと決めています。Hさんが言うには、いい服を着ていると気持ちが引き締まるので、仕事にも精が出るそうです。また高い店でも臆せず入れるなど堂々と振る舞うことができるのだそうです。

Hさんとは別の意味でAさんと正反対なのは、同じく友人のGさんです。Gさんは服装にまったく無頓着です。彼が言うには「人間は中身」であり、外見で判断することそのものが間違っているのだそうです。

根拠はありませんが、AさんはGさんが言っていることは、何か根本的に間違っているような気がしています。でもそれが何なのかハッキリ分かりません。一方で、Hさんのように、洋服に気を遣うのも疲れてしまいます。

筆者は、基本的にAさんは今のままでよいと考えます。ただ、Aさんにはもう少し戦略性があった方がよいでしょう。戦略性とは、状況に応じて服装に対する考え方を変えるということです。

人は見た目で判断される

人は見た目で9割が決まる、などとよく言われますが、これは本当です。**人は想像以上に相手の外見から大きな影響を受けています。**普段、あまり意識していないかもしれませんが、人の目を通じて入ってくる情報は、文字などの情報に比べて何千倍も多いことが知られています。

同じ「こんにちは」という言葉でも表情や仕草、着ている服装の雰囲気で相手に与える印象はまるで違ったものになります。**最初の印象が悪いと、その後のコミュニケーションで劣勢を挽回するためには、相当な努力が必要となります。**したがって、外見をよくしておくことには、大きな意味があるのです。

しかし、注意しなければならないのは、大事なのは「外見」であって、「洋服」だけの問題ではないという点です。

「人は見た目が9割」という言葉はこう言い換えることができます。「人は相手にどう見えるのかで評価の9割が決まる」のです。したがって、単純に高い洋服を着るのではなく、よい印象を与える振る舞いとセットで考えることが重要となってきます。

もっともよくないのが不衛生に見える恰好です。

実際に不衛生かどうかは関係ありません。実際には汚くないのだから、どう見えるかは関係ない、という考え方が無意味であることは、すでにお分かりでしょう。

清潔そうに見えることが大事なのです。

したがって、Gさんの「人は中身だ」という考え方はここでノックアウトされることになります。どんなに中身がよくても、中身を評価される段階までいかなければ、何の意味もないからです。

もう一歩踏み込んで、服装についてこだわりを示す意味があるのかについては、相手の価値観次第ということになります。

もし会う相手が、服装に対して関心の高い人であれば、ブランド物でビシッと決めることには大きな意味があります。要するにこの問題は、**相手の立場に合わせて柔軟に振る舞**

えるかというゲームなのです。

服装を重視している人であれば、それなりの恰好をした方が、いい印象を与えられますが、反対に服装にあまり関心がない人であれば、いい服を着たところで、それほどの効果は期待できません。すべては相手次第なわけです。

まとめるとこうなります。

だらしなく見える服装や不潔そうに見える服装の場合、一定数の人が嫌悪感を示すので、これは問答無用でNGになります。したがって、それなりに服装に気を遣うAさんの行動は正しいということになります。

一方、服装に関心の高い人に対しては、いい服を着ると相応の効果があります。このあたりは戦略的に考えて、服装を使い分ければよいでしょう。

常に、万全の体制を整えているHさんは、誰が来てもハズさないわけですから、当然こちらも問題ありません。

後は、本人の好みですから、Aさんのように、そこまで気合いを入れたくなければ、それはそれで構いません。逆にHさんのように、いい服が励みになるなら、積極的に着こなすのも、一つのやり方です。

○お金持ちは怒らない？

B子さんは、前回、食事をご馳走してもらった女性社長と、引き続き仕事をしています。ある日、B子さんは、非常に印象的な出来事に遭遇しました。

B子さんが、女性社長と打ち合わせをしていると、社長宛に電話が入りました。電話の相手は、女性社長が外注先として仕事を依頼している会社の担当者でした。話の様子では、その相手が大きなミスをしており、それは3回目のことのようでした。

しかし女性社長は「このミスは3度目ですよ」という感じで、あまり怒っている雰囲気ではありませんでした。電話を切った社長は、すぐに内線をかけて部下につなぎ「○○社さんだけど、すぐに契約を解除しておいてね」と言うではありませんか。

B子さんは、びっくりした顔をしていたのでしょう。社長は「ちょっと驚かせたわね」「でもこうしないとビジネスはうまくいかないのよ」と諭してくれました。

B子さんは、お金持ちの人は怒らないと聞いていましたが、確かにその通りでした。しかし、B子さんは、お金持ちの人のもう一つの側面も見たような気がしました。

怒ると基本的に損をする

お金持ちの人は決して怒らないという話があります。ホンモノのお金持ちの人は、気持ちに余裕があり、それが相手への対応にも表れるのだそうです。

残念ながら、この話は本当ではありません。

筆者は烈火のごとく怒っているお金持ちの人を何人も見てきています。お金持ちの人は、こだわりを持っていることも多く、その部分で逆鱗に触れてしまうと、普通の人よりも激しく怒り出してしまいます。

一方で、お金持ちの人は、あきらめの感情も持っており、言ってもムダということについては、驚くほど淡泊だったりすることもあります。その意味では、お金持ちは怒らないという話は半分本当なのかもしれません。

また現実問題として、どうやっても改善が期待できない相手というのは存在しますし、こうした人とのやり取りに時間を取られてしまうことは、壮大なムダでもあります。

あきらめが早いお金持ちの人たちから学べることは多そうです。

この女性社長が、外注先の担当者を怒らなかったのは、注意してもムダと悟ったからです。その代わり、今回の発注分だけはお金を払って、後はきれいさっぱり関係を整理しようとしています。

人は相手が理不尽な行動を取ると、それに対して怒りを感じます。しかし現実問題として、そのような理不尽な対応をする人というのは、それを注意しても反省しないことがほとんどです。反省しないどころか逆ギレする可能性すらあるわけです。

こうした相手とは基本的に関わらない方が得です。仮にそれまでいくらかの支払いをしてしまっていたとしても、それを取り返せる保証はありません。次の新しい相手を探した方が合理的なのです。

頭では理解できるのですが、人はなかなかこれを実行に移すことはできません。仕事を依頼した相手が不誠実な対応だと、それを諭そうと思ってしまうわけです。

この女性社長がドライに振る舞えるのは、お金をたくさん持っているので損をしてもいいと考えているからではありません。**それは世間の評判というコストがとても高いことをよく知っているからです。**

不誠実な相手にクレームをつけて、争いになったとします。相手が悪いのですから、最悪、訴訟になっても勝つことはできるでしょう。しかし、ある程度の名声のある人にとっては、こうした争いになること事態が、マイナスなのです。その**潜在的な損失を考えれば、さっさと関係を切ってしまった方が得と判断できるからこそ、このようなドライな行動が取れるわけです。**

こうした考え方はお金持ちでない人も応用すべきものです。お金があろうとなかろうと、ダメな相手の責任を追求しても利益にならないことがほとんどです。まずはダメな相手に当たらないよう細心の注意を払い、もし当たってしまったら、なるたけ早く関係を清算することです。

仕事を依頼する相手に対しては、媚びず、威張らず、あっさりと、が原則です。ドライで味気ないと思うかもしれませんが、双方にとってこれがもっともよい形なのです。

この話は、ある意味では友人関係にもあてはまります。

友人の理不尽な対応に嫌気が差しているのに、なかなか関係を解消できない人がいます。「友達だから」と思ってしまうのですが、お互いを尊重してこそ本当の友達です。互いに信頼できる関係を築けないのであれば、その友人関係は解消すべきなのです。

それができないのであれば、それは「友達だから」なのではなく、あなた自身の心の弱さが原因と言えるでしょう。

○ 女性に優しい人は成功する？

Aさんは、先日、会社の同期と久しぶりに飲みに行ったのですが、女性の同期社員から「Aクンは女性に優しいよね」と意外なことを言われました。Aさんは、そんなことを意識したことがなかったので、ちょっとびっくりしてしまいました。

しかし、よく考えてみれば、少し思い当たることもあります。

Aさんが担当していた顧客の責任者は女性の管理職だったのですが、その管理職から「あなたは、女性の顧客とうまくコミュニケーションが取れるタイプね」と言われたことがありました。その管理職はさらに「女性とのコミュニケーション能力はこれからの企業社会において成功のカギになるわよ」ともつけ加えました。

その時は、世間話だろうと思って聞き流していたのですが、同期からそのようなことを言われたことをきっかけに、Aさんは、異性とのコミュニケーションのあり方について、少し真剣に考えるようになりました。

大事なのは、自分と異なる人間との対話

女性（異性）に対して優しく振る舞えるということが成功のカギになるという管理職の話は本当です。社会で成功している人の多くが、総じて異性に対するコミュニケーションが上手です。

ここで、単純に男性が女性に対して優しい、あるいは女性が男性に対して優しい、という図式で考えてはダメです。あくまで仕事の世界ですから、男女関係としてうまくいくということではいけないのです。

異性とのコミュニケーションが上手ということは、自分と異なる相手とのコミュニケーションが上手と言い換えることができます。つまり、世代が異なる人とのコミュニケーションや国籍が異なる人とのコミュニケーション、宗教が異なる人とのコミュニケーションという共通の課題なのです。

成熟社会を生きていく上で、これは非常に重要なスキルと言えます。

自分と異なる人とうまくコミュニケーションするには、まず相手を過剰に意識しないことが重要となります。その点で、相手が女性であることをあまり意識してこなかったAさんは、自然な対応ができたのかもしれません。

最近、政府が女性活用を呼びかけていることから、職場での女性登用が話題となるケースが増えています。男性社員の中には、女性社員の活躍に感情的に反発する人もいますし、逆に女性のセンスをビジネスに生かしたいなどと思っていても、その意気込みが空回りしてしまっている人もいます。

こうした人たちは、総じて、異性を意識しすぎています。まずは自然に現状を受け入れないと問題を解決することは難しいでしょう。

一方で、異性というものをまったく意識しないというのも問題です。男女はどんなにがんばっても違う生き物ですし、日本人と外国人も同様です。最終的には自分とは異なる存在であることを認識しておかないと、思わぬところで、感情的な衝突を引き起こすことにもなりかねません。

異なる存在であることを過剰に意識せず、一方で、違いがあることについてはしっかり認識しておく。こうしたバランス感覚が求められているわけです。

Aさんの取引先の女性管理職がAさんに対して女性とのコミュニケーションがカギにな

ると言ったのはそういう理由からです。Aさんに対しては、女性の扱いがうまいというよりも、多様な価値観が混在する今後のグローバル社会での適応能力があると言いたかったのです。

最近ではセクハラ問題やパワハラ問題などもあり、職場ではうかつに発言できないとビクビクしている人もいるようです。しかし、よく考えてみてください。

限られた時間で高い生産性を上げるためには、仕事の範囲や責任を明確にし、同僚や上司に対しては、明確でかつシンプルなやり取りを心がける必要があります。

それ以外の時間は集中して仕事に取り組むことが求められますし、そうなってくると、部下や同僚とムダ話をしている時間は、本来はあまりないはずです。ムダ話がなければ、こうした問題発言をしてしまうリスクも減らせます。

パワハラ問題も同じです。上司が的確に指示を出したのであれば、その後仕事をしないのは部下の責任であり、改善が見られないなら相応の処遇をするしかないわけです。

立場が異なる相手との距離感の取り方さえ理解していれば、発言内容について神経をすり減らす必要はないのです。

○周囲の状況が見えていない人は幸せ？

B子さんの同僚のU美さんは、おしゃべりなどに夢中になると、まったく周囲が見えなくなります。人にぶつかったり、モノを落としたりすることもしょっちゅうです。

それに加えて、U美さんは、状況の変化にも無関心なところがあります。

先日、会社に出社すると、ロビーのところに無数の荷物が置いてありました。B子さんは席に着いてから、「ロビーのあの荷物なに？」「引っ越しとかあるの？」と言ったところ、U美さんは「荷物って何？」といった具合です。

あまりにもマイペースなのでイライラすることもあるのですが、時々、そんなU美さんがとてもうらやましく思えることもあります。

B子さんは結構周りのことが気になってしまうタイプで、行きすぎると余計な心配までしてしまいます。それが原因でストレスを溜めてしまうこともあるくらいです。

U美さんくらい、好き勝手に自由に生きることができたら、どんなに幸せだろうと思います。

敏感であることはお金を引き寄せる

いろいろなことが気になってしまうB子さんは、何かとストレスが多い生活かもしれません。正反対であるU美さんの生活は確かにB子さんより楽しいはずです。

しかし筆者は、B子さんはむしろラッキーだとすら思います。**周囲の状況に無頓着な人は、ほぼ例外なくお金との縁が薄いからです。**周囲の状況が気になるB子さんのような性格は、お金を引き寄せるための最低条件のようなものなのです。

お金は天下の回り物です。お金は基本的に人が使うものですから、人の活動と切り離して考えることはできません。したがって**お金に縁のある生活を送るためには、他人とうまくコミュニケーションすることが重要となってくるわけです。**

コミュニケーションの基本は、他人が何を考えているのか的確に理解することです。これができないと、次の自分の行動を決めることができません。他人の考えを知るためには、他人の行動をよく観察しておくことが重要となります。

相手を上手に気遣う、上司が望む書類を適切なタイミングで提出できる、顧客のクレームをうまく処理することができるなど、仕事の進め方が上手な人は、総じて、相手のことをよく観察しています。

その点で、**周囲のことを気にするタイプのB子さんは、お金を引き寄せる適性があると考えられます**。一方、マイペースのU美さんは、ウマが合う人であれば問題ないでしょうが、タイプが異なる人との応対では苦労するでしょう。天然っぽい言動に救われているかもしれませんが、すべての人がそれで納得してくれるとは限りません。いつかは大きな失敗をしてしまう可能性もあるわけです。

特にB子さんが優れているのは、相手の様子だけでなく、ロビーに荷物が多かったというような、環境の変化に対しても敏感なところです。

人は常に周囲の状況から影響を受けていますし、逆に人の行動は周囲の環境にも影響を与えます。

定点観測という言葉がありますが、これは観察対象を毎日、同じ時間に同じように見続ける観測方法のことです。あえて同じ見方を続けることで、ちょっとした変化を確認し、最終的には大きな変化の兆候を探るというものです。

人との関係も基本的にはこれと同じです。

いつも話している話題に触れなくなった、前は肯定的な言い方をしていたのに、否定的な言い方になったなど、ちょっとした変化を知ることで、その人に何が起こっているのか、早めに察知することができるようになります。

人やモノの動きも重要です。

いつも届いている郵便物が届かなくなった、いつも来ていたお客さんが来なくなったなど、見過ごしてしまいそうな小さな変化でも、背後には大きな動きが存在している可能性があるのです。

状況の変化に対して敏感になってくると、今度は、何かが起こる前に先回りして対応しておくことができるようになります。これは仕事をする上で、大きなメリットと言ってよいでしょう。トラブルが少なくなりますし、相手から評価される可能性も高くなります。

お金持ちの人たちはこうした能力が非常に優れています。

彼等がよく「いい人」と言われるのは、本当にいい人なのではなく、相手からの評価が高くなるよう先回りできている可能性が高いのです。

B子さんはツライなどと思わず、自分の特技だと思って、その才能をもっと磨いた方がよいでしょう。

第3章

行動力があれば お金持ちになれるのか

○買い物で迷うのは優柔不断な証拠？

Aさんは買い物をする時、いつも迷ってしまいます。最近ネットで買い物をする割合が増えてから、Aさんの迷いグセはさらに激しくなってきました。

お店の場合、基本的にお店にあるものの中からしか選べませんし、お店をハシゴするにしても、物理的に限度があります。ところがネットの場合は、そうではありません。

検索エンジンを上手に使えば、条件が異なる他の商品についてもいくらでも探すことができます。さらにポイントの有無なども考えると、それこそ選択肢が無数にあるわけです。夢中になって検索していると、深夜になっていたということもしょっちゅうです。

買い物で損したくはないので、こうした買い方をやめるつもりはありませんが、Aさんは自分を優柔不断だとも感じています。

もっと即断即決で決められないと、大事なことも決断できないのではないか？　そんなことを思ったりもしています。

お金持ちは判断基準がしっかりしている

買い物で迷う人には二つのパターンがあります。

一つは自分で何を買ったらよいのか分からない、あるいは、いろいろな商品を見るたびに目移りしてしまって決められないというパターン。もう一つは、自分が求める条件を完全に満たす商品がないので、いつまでも探し続けるというパターンです。

もしAさんの迷いが、後者によるものであれば、Aさんは自身を優柔不断などと思う必要はまったくありません。むしろ、そうした慎重さはさらに徹底してもよいくらいです。

一方、Aさんが何について迷っているのか自分でも分からないという場合には、自身の行動について少し考え直した方がよいかもしれません。**それは物事の判断基準がないこととイコールだからです。**

値段が高くて機能も豊富なタブレットと、安価でそれほど性能は高くなく、最小限の機能しかないタブレット、どちらがよいのかを決めるのはそう簡単ではありません。

多数の組み合わせの中から自由に商品を選べるのであれば、あまり大きな問題は起きません。お財布と相談しながら、自分が必要としている性能や機能を備えているものを買えばよいからです。

しかし現実に存在する商品の多くは、値段が高いと自分が要らないものまでついてくることがほとんどです。メーカー側が、高い価格を正当化するために、様々な機能を盛り込んでくるからです。一方、安い製品は、性能も低く、機能も少なくなっています。安い製品を選んだ場合、それは性能を犠牲にしたのか、不必要な機能は要らないと判断したのか、どちらなのか分からなくなってしまいます。ここにメーカーの違いなどが加わってくると、状況はさらに複雑になります。

当然と言えば当然ですが、お金を稼げる人は、こうした計算が得意です。何が何でも値段が優先なのか、それとも、コストは多少高くても性能を重視したいのか、自身の基準をハッキリ定めることができます。つまり自分が欲しいモノに対する交通整理が上手なわけです。

お金持ちの人が即断即決と言われるのは、半分本当ですが、半分ウソです。**直感で即断即決している人も中にはいますが、多くの人が、自身の判断基準というものをあらかじめ持っており、これに合致しない場合には、決断を下さないのです。**結果的に、すぐに決められるものについては、即断即決しているように見えるわけです。

お金持ちになる習慣
「生きたお金の使い方」が身につく本

ご記入・ご送付頂ければ幸いに存じます。　初版2015・7　**愛読者カード**

❶本書の発売を次の何でお知りになりましたか。

1 新聞広告（紙名　　　　　　　　　）2 雑誌広告（誌名　　　　　　　　　）

3 書評、新刊紹介（掲載紙誌名　　　　　　　　　）

4 書店の店頭で　　5 先生や知人のすすめ　　6 図書館

7 その他（　　　　　　　　　）

❷お買上げ日・書店名

年　月　日　　市区町村　　書店

❸本書に対するご意見・ご感想をお聞かせください。

❹「こんな本がほしい」「こんな本なら絶対買う」というものがあれば

❺いただいた ご意見・ご感想を新聞・雑誌広告や小社ホームページ上で

（1）掲載してもよい　（2）掲載は困る　（3）匿名ならよい

ご愛読・ご記入ありがとうございます。

郵 便 は が き

料金受取人払

神田局承認

1831

差出有効期限
平成29年 1 月
15日まで

101－8791

509

東京都千代田区神田神保町 3-7-1
ニュー九段ビル

清流出版株式会社 行

フリガナ		性	別	年齢
お名前		1. 男	2. 女	歳
ご住所	〒 TEL			
Eメールアドレス				

お務め先または学校名	
職種または専門分野	
購読されている新聞・雑誌	

※データは、小社用以外の目的に使用することはありません。

判断基準がしっかりしていると、些末な金額にはこだわらなくなります。１万円の商品と５０００円の商品では、だいぶ価格が違うということになりますから、どちらを選択するのかは非常に重要な問題となります。

しかし、必要な性能を持つ５０００円前後の商品を選択することができれば、その買い物の目的はある程度達したと考えることができます。したがって、４８００円のものを探して多くの時間をそこに費やすというのはあまり得策ではありません。同じような商品で３０００円代のものが存在しないのであれば、時間をかけずに５０００円の製品を買ってしまった方がよいでしょう。

一方、90万円と１００万円の違いは、割合からすればあまり大きくありませんが、やはり絶対値が違います。ここは慎重に検討すべきところと考えられます。普段は１００円、２００円の違いにこだわっているのに、大きな買い物となると、10万円、20万円の差を気にしないという人がいます。

これはあまりよい傾向ではありません。

90万円と１００万円の違いは大きいですから、その違いに見合った差があるのか、よく吟味した方がよいでしょう。

○お金持ちには行動力がある？

B子さんの上司の夢は定年退職後に夫婦で旅行に行くことだそうです。部署の飲み会に行くと、B子さんの上司は「早く定年退職してゆっくり夫婦で旅行を楽しみたい」と漏らしています。

もっともB子さんの世代にとっては、退職金をたくさんもらって、年金でのんびり暮らすなどということは想像もできません。よほどお金のある人と結婚でもしない限り、おそらく一生、働き続けるのだろうなあ、と漠然と思っています。

後日、この話を女性社長にしたところ「わたしだったらすぐにでも旅行に行く」と話していました。その理由は「やりたいと思うことを10年も20年も待ってなどいられない」からだそうで、女性社長は、まだお金がない時から、思い立ったらすぐに行動していたそうです。

やっぱりお金持ちの人は、そもそもの行動力が違うのかもしれないと、B子さんは感じ始めています。

「そのうち」は永遠にやってこない

先ほどはお金持ちの人が、無意味に即断即決しているわけではないという話をしました。しかし、お金持ちの人の多くが、抜群の行動力を持っているというのも事実です。今回の旅行の話は非常に典型的なケースと言ってよいでしょう。

定年退職したら旅行に行きたいというB子さんの上司の話は、定年退職という一つの区切りはあるものの、基本的には「いつかのんびり旅行に行きたい」という話とイコールと考えてよいでしょう。**たいていの場合、「いつかは」という話は永久にやってきません。なぜなら、「いつかは」と考えている段階で、それほど強い欲求ではないからです。**

今回は定年後の旅行ですが、これはいろいろな話にあてはめることができます。

いつかは転職したい、いつかは独立したい、という話はよく聞きますが、その後、実際に実現したという話はあまり聞きません。

後先考えずに行動するのは危険なことですが、一方で、物事というのは、実際にやってみないとわからないことが多いのも事実です。したがって、できる範囲でまずやってみるというのはとても大切なことなのです。もし本当に夫婦で旅行に行きたいと思っているのであれば、女性社長が言うようにすぐに行動した方がよいでしょう。

確かに、仕事をしていればまとまった時間を取るのは難しいかもしれません。しかし、本当に多少のまとまった休みを取ることはできないのでしょうか？　こういう時には、普段から職場でどのように振る舞ってきたかが問われることになります。

周囲の状況を常に理解し、チーム全体のことを考えて仕事をしてきた人であれば、大型連休などを活用して、2週間休むということになっても、皆、それなりに協力してくれるはずです。また上司も、これまでの仕事に対する貢献が十分であれば、納得してくれる可能性は高くなります。

多くの人にとって、旅行はそこまでの努力をするほどのものではありません。つまり、思っているほど旅行に行きたいわけではないのです。そうだとするならば、退職して時間ができたからといって、無目的に旅行に行く必要はまったくありません。せっかくのお金がムダになってしまうからです。

最近、退職シニアの間では、ソバ打ち貧乏、旅行貧乏というキーワードが話題になっているそうです。

仕事一筋だった人が退職し、何かしなければと思い立ち、以前から漠然と考えていた、ソバ打ちや旅行を無目的に繰り返しているうちに、いつの間にか大金を使い果たしてしまい、その後の蓄えがなくなってしまうというパターンです。

暇つぶしや、簡単に刺激を得られる娯楽としては、旅行はあまりにも高価な出費です。無目的な旅行を繰り返していると、あっという間に結構な額のお金を使い果たしてしまいます。ソバ打ちも、家を改築して設備を整えたりすれば、かなりの出費になってしまいます。本当にそこまでしてやりたいことだったのか、自問自答する必要があるでしょう。気持ちがホンモノなら、もっと早く動いていた可能性が高いのですから。

その意味で、**まずやってみるというのは非常に大切な考え方です。**

ちょっと大変でも、若いうちから長期の旅行に行っていれば、そうした旅行がどんなものか、そして、自分に合っているのかについて理解できると思います。ソバ打ちに興味があるのであれば、週末に体験することもできますし、スクールに通うこともできるでしょう。

起業も同じです。副業といった形で実際にやってみれば、リスクがどの程度あるのかもすぐに理解できるはずです。

こうした行動の積み重ねが経験値となり、最終的にはお金を引き寄せるのです。

○恵まれた環境にいないとダメなのか？

Aさんの周囲にはなぜか、お金に余裕があるという人がいます。

友達の一人は、ミュージシャンを目指しています。彼の実家は多少お金があるらしく、両親から支援を受けているので、何とか活動を続けられているようです。

会社の同僚の一人は、結婚を期に独立しました。独立と言っても、自力で起業したのではなく、奥さんの実家が会社を経営しており、そこの支援を受けて事業を始めたのです。

残念ながらAさんには、経済的に支援してくれるほどの親族はいませんし、結婚の予定もありません。それに、そのような理由で相手を選ぶというつもりもありません。

ただ、親族などから支援を受けられるという話を聞くと、正直うらやましいのは事実です。せめて少しだけでもまとまったお金があれば、投資を始めたり、ちょっとしたビジネスをスタートできたかもしれません。

やはり恵まれた環境にいなければ、好きなことを追求したり、自分で事業を始めるのは難しいのでしょうか？

お金がないことは言い訳にならない

親族から支援を受けることで、好きなことを実現できている人が多いのは事実です。資金やツテのない人が何かにチャレンジしようと思ったら、大きな困難を伴います。筆者も、こうした支援がまったくゼロの状態からビジネスを始めましたから、Aさんの気持ちはよく分かります。

しかし物事はすべて考え方次第でどうにでもなります。親族から支援を受けられないばかりか、親族の借金まで抱えてしまい、それを返済するために事業を始めて成功したという人もいます。まったくお金がない状態でビジネスをスタートするにはどうしたらよいかを考え、結果的に斬新なビジネスモデルを思いついた起業家もいます。

先ほど、お金持ちの人は行動力があると説明しましたが、筆者は本当の意味での行動力というのは、「お金がないことを言い訳にしないこと」だと思っています。

お金がないことを言い訳にするのは、実は非常に危険な行為です。

お金がないので、〇〇ができない、という論法を一度使ってしまうと、それは麻薬のように常習化してしまうのです。なぜなら、うまくいかない理由としてお金がないことをあげれば、ほとんどの場合、納得できる答になってしまうからです。これほど便利な言い訳はありません。自分がうまくいかないことは、すべてお金のせいにできるからです。

こうした悪いループから抜け出さないと、いつまでたっても、好循環のプロセスを作り出すことができません。**まずはお金がないことを前提に、どうすれば自分が思っていることを実現できるのか、真剣に考えてみることが大事です。**

それでもやはりお金がなければ何もできないと思える人には、少し違う方法もあります。ミュージシャンのスガシカオさんが非常に面白いことを言っていました。

ある番組で、音楽の夢を捨てきれない若者からの「やりたいことが見つからず、迷っている」という問いに「まずは働いて貯金することです」と答えていました。

その理由は、チャンスはいつめぐってくるか分からないものであり、やりたいことが見つかった時に、まとまったお金がなければ、行動を起こせないからだそうです。スガさん本人も、音楽の道に進むと決意した時、貯めたお金を惜しげもなく、機材の購入と生活費に充てたことが、成功につながったとしています。

現在、八方塞がりで状況を打開する方法がないと思えるのであれば、とりあえず何も考えずに、ひたすら貯金するのも一つの方法です。

筆者は、貯金という行為は、「ここぞ」というチャンスの時に使う軍資金を作るための手段だと考えます。お金は使うべき時には大きく使わなければ、大きな成果を得ることはできません。しかし、使うべき時に、まとまったお金がなければ何も始まらないわけです。日頃から節約することが大事なのは、まとまったお金を作るための最善の方法だからです。

貯金をしていくと面白いことに気付きます。

ある程度の金額になってくると、貯金が面白くなり、さらにはその貯金を何としても崩したくないという気持ちが強くなってきます。これはどんな人にもある気持ちなのですが、その気持ちがあまりにも強すぎると、その人は、いわゆる守銭奴になってしまいます。しかし自分が守銭奴なのかどうかは、ある程度、まとまった金額を貯金しないと、なかなか分からないものなのです。

貯金がある程度まとまった金額になったら、自分がやろうとしていたことをもう一度思い返してみてください。

チャンスがめぐってきたら、ポンと全額投資できるのであれば、あなたの気持ちはホンモノです。一方で、そのお金を失いたくないという気持ちが強くなっているかもしれません。そうだとするなら、あなたの夢はその程度のものだったのです。

○スマホの買い換え頻度で分かる性格

B子さんの親友のR子さんは、なぜか、やたらとスマホを買い換えます。よく観察していると、R子さんはしょっちゅうスマホをなくしていますし、画面が割れていてテープで貼っていたこともありました。

ガラケーの時代には、彼女は二度ほど水没させていますから、通算すると、かなりの金額をスマホやガラケーに支払っていることになります。

B子さんは、周囲の人の様子から、スマホをしょっちゅう買い換える人は、どちらかと言うとお金使いが荒く、逆に今でもガラケーを使っているようなタイプの人は、正反対で節約好きな人が多いように感じています。

男性でもスマホの買い換え頻度とその人の性格には大きな関連があるように思います。常に新しい機種を持っている人は外交的な人が多く、逆に古い機種を大事に使っている人は反対の性格な気がします。

果たしてどちらがお金持ちには向いているのでしょうか？

新しい情報ツールとの付き合い方

明確な証拠があるわけではありませんが、スマホの購入頻度とその人の性格に深い関連性があるのは確かなようです。

特に女性の場合、スマホの利用時間が男性に比べて極端に長いという特徴があります。あるリサーチ会社の調査によると、スマホの月間平均利用時間は、女性が37時間であるのに対し、男性は32時間だったそうです。

女性の方が長時間スマホを使うという傾向は、年齢が下がるほど顕著で、10代になると、女性が92時間、男性が56時間と、約1.5倍の差になります。

こうなってくると、スマホは生活そのものであり、その扱い方に性格の違いが反映されてくるのは当然のことと言えるかもしれません。

お金という視点で考えると、何度もスマホを買い換える人や、逆にガラケーにこだわっている人は、どちらも、お金とはあまり縁がないように思えます。

おそらくR子さんは、スマホに限らず、あまりモノ持ちがよくない可能性が高いと言ってよいでしょう。もしかしたらパソコンなどもすぐに壊してしまっているかもしれません。モノ持ちがいい人と悪い人の違いは、性格が雑なのかどうかの違いと思われがちですが、現実にはちょっと違います。雑かどうかということよりも、先を予測することができるかどうかという違いが大きいのです。

モノを壊さない人は、自分が持っているモノについて、どの程度乱暴に扱うと壊れるのか、おおよその限界値を理解しています。ですから性格が特別に穏やかではなくても、壊れるまでの扱いはしないのです。

さらに言えば、どのような時に、モノを置き忘れたりするのか、ある程度予測をつけています。このため無意識に椅子の上にスマホを放置して、気付かずにそこに座るといった失敗をしない可能性が高いのです。

将来を予想する能力は、お金持ちになる上でとても大事なことです。お金持ちになることはもちろん、仕事をスムーズに進めることや、対人コミュニケーションなど、あらゆる場面でプラスに作用します。**仕事やお金儲けの能力は、言ってしまえば、どれだけ先回りして対処できるのかにかかっていると言っても過言ではありません。**

その点で、スマホを何度も壊したり、なくしてしまうR子さんは、仕事やお金の面で、不測の事態にうまく対処できていない可能性があります。

一方、モノを丁寧に扱っているからと言って、いつまでも古いモノにこだわってばかりなのも少々問題です。本当に古く伝統のあるモノでしたら話は別ですが、しょせん、ガラケーやスマホなどは、最近のツールですから、買い換えも仕方ないという割り切りが必要です。

新しいツールに振り回されてムダなお金を使うのはいけませんが、こうしたツールはそれなりの頻度で新しいものにしておく方がよいでしょう。これは仕事の現場でも役立つことが多いからです。

人材系の会社で働くある営業マンは、タブレットが発売になった時、すぐに購入して自身の営業に活用しました。客先でのプレゼンの時、紙の資料も用意するのですが、あえてタブレットも使うのです。何割かのお客さんは、「何それ？」とか「流行の先端だね」といった会話をしてくれます。

こうした雑談ができたからと言って商品を買ってもらえるほど営業は甘くないですが、お客さんと会話のきっかけができることは悪いことではありません。会話が苦手でも、このようなちょっとしたアイテムでそれが可能となるなら安いものです。

こうした情報ツールは、個人の生産性とも大きく関係してきますから、新しい機種やサービスには敏感であった方がやはり有利でしょう。

○ 出たとこ勝負か、慎重派か

Aさんの友人の中に、常に「出たとこ勝負」が口癖という人がいます。彼は事前にあれこれ思案してもあまり意味がないと考えています。

一方、Aさんはどちらかと言うと慎重なタイプです。お店に行く時なども、事前に雰囲気や値段をチェックすることを忘れません。

ある休日にその友人と遊びに行く計画を立てた時も、二人の違いが際立ちました。とりあえず行きたいところを考える友人に対して、Aさんは、この時間に出発すると混み合うのではないかなど、考えてしまいます。そんなAさんを見て、友人はしばしば、「あまり小さいことばかり考えすぎていると、大きなことを成し遂げられないぞ」などと言います。

確かにその通りなのかもしれませんが、Aさんは、そうしたやり方を変えるつもりはありません。と言うよりも、そのやり方を変えることができないのです。

ただ、自分では、正しいと思っているものの、友人の言うことにも一理あるような気がしています。

上手なリスクの取り方

教科書的に言えば、「出たとこ勝負」が基本というAさんの友人は、お金に縁のある生活を送ることができない可能性が高いということになります。しかし、Aさんのようにただ慎重に物事を進めていけばいいのかというと、そういうわけでもありません。

さらに言えば、Aさん自身が自覚しているように、人の性格はそう簡単に変えられるものではありません。この部分を無視して、自身の生き方を考えるのは無意味と言ってよいでしょう。

Aさんの友人は言い方を変えれば、常にリスクを取っているということになります。事業や投資、あるいはビジネスで成功している人というのは、どこかのタイミングで何らかのリスクを思い切って取っています。やはり何らかの形でリスクを取らなければ、大きな果実を得ることは難しいのです。

しかし、何度もリスクを取っていては、いつかは必ず大きな失敗をしてしまいます。リスクを取るべき時にしっかりと決断ができるよう、ムダなリスクはできるだけ避けた方が賢明なわけです。

そうなってくると、リスクを取ることは大事だが、一方で、慎重に物事を進めなければならないという矛盾した状況に陥ってしまいます。これは、以下のように考えるとよいでしょう。

ある程度の成功を目指すためには、いつかは大きなリスクを取る必要があります。しかし、その時に成功する確率を上げるためには、できるだけ不確実性を排除する必要があります。普段から慎重に行動すべきなのは、リスクを取らないためではなく、本当にリスクを取った時に、成功する確率を上げるためなのです。

小さいことばかり考えていると大きなことができない、というAさんの友人の指摘も合っています。しかし、友人のようにいつも出たとこ勝負をしている人は、大きな賭けをしなければいけない局面でも慎重さを欠き、結局失敗してしまうでしょう。

一方のAさんは、普段から慎重であることはいいことなのですが、これがイザという時にも同じであってはいつまでたっても成功することはできません。Aさんには、慎重さは、大胆な賭けをするための準備であるという自覚がないようです。

結局のところ、Aさんと友人は、足して二で割るとちょうどいいのかもしれません。実際にそんなことは不可能なのですが、これは非常に大事な考え方です。

先にも述べたように、人は基本的な性格を簡単に変えることはできません。Aさんはおそらく今後も慎重でしょうし、Aさんの友人は今後も、同じ調子でしょう。

筆者は自分自身が持っている性格を無理に変える必要はないと考えます。性格を無理に変えてしまうと、せっかくの長所もムダになってしまうからです。

成功するためには、性格を正反対に変えようとするのではなく、バランスが取れるよう、普段から少しずつ意識することの方がずっと重要なのです。

あまり物事を深く考えずに行動してしまうAさんの友人は、日頃から少しだけ立ち止まって、ゆっくり考えてから行動に移すクセをつけた方がよいでしょう。

一方、Aさんは、守りに入りすぎないよう、常に気をつける必要があるわけです。過剰に細かい計画を立てるようなことは避けた方がよさそうです。

これだけ変化の激しい世の中ですから、20年後、30年後を予想して、それを前提に行動するというのは、逆に無謀とも言えます。**むしろ変化が起こった時に、柔軟に対処できるよう準備しておく方が、結果的にリスクは少なくなるのです。**

○知らないことには手を出さない方が賢明？

B子さんの父親は、頑固で気難しい人です。

目新しいことが嫌いで、不満を言わず、コツコツと仕事を続けることが絶対という価値観を持っています。不動産投資や株式投資にも否定的で、うまくいかなかった話を聞いた時の口癖は、「知らないことには手を出すものじゃないんだ」です。

一度、B子さんが、少し意地悪して「そんなこと言ったら、誰も新しいことはできなくなるじゃない」と言うと、すっかり機嫌を悪くして黙り込んでしまいました。

B子さんの父親は明らかに頑固者なのですが、大した知識もないまま、いろいろなことに簡単に手を出して失敗する人が多いのも事実です。しかし、そんなことばかり言っていたら、何も新しいことにチャレンジすることはできません。

B子さんは、このような父親の影響を受けたせいか、やはりどちらかというと保守的です。お金持ちになるにはもっと思い切りが必要なのでしょうか？

チャレンジには価値がある

世の中には、やたらと物事を難しくしたがる人というのが存在します。このような人は、二つのタイプに分かれます。一つは、B子さんの父親のように保守的で、新しいことそのものに否定的な人です。もう一つは、ある分野での経験が長く、新しくその分野に入ってくる人に対していい感情を持っていない人です。

前者のタイプはもしかすると、単純に保守的なだけではない可能性もあります。新しいことにチャレンジして経済的に成功する人に対する嫉妬が交じっているかもしれません。こういった人の話は半分くらいに聞いておくのがちょうどよいということになります。

後者のタイプも同様です。

実はやってみればそれほど難しくはないのですが、敷居だけは高いという分野が世の中には存在します。そこでうまくやっている人からすれば、せっかく自分がオイシイ思いをしているのに、新参者に荒らされたくないわけです。結果として、「この分野は、これだけ大変なんだぞ」とアピールすることになります。

海外の不動産投資にチャレンジし、失敗談も含めて、その顛末をブログに記載しているある不動産投資家のところには、かなりの数のメールやコメントが来るそうです。参考になったというものや励ましのメールもあるそうですが、一方では「自業自得だ」「欲に駆られて失敗しただけ」さらには「死ね」というものまであったようです。

このブロガーは、批判も含めてすべて受け止めるとブログに書いているのですが、「知らないことには手を出さないのは投資やビジネスの鉄則だ」という意見に対しては「少し違うのではないか？」と反論していました。

筆者もその点についてはまったく同意見です。

確かに知らないことに対して、うかつに手を出すのはよくないことです。しかし分からないからといって、いつまでもチャレンジしなければ、新しいことを身につけることはできません。**慎重さは維持しつつも、新しいことにチャレンジする精神は大切にする必要があるでしょう。**

筆者自身、事業や投資などにおいて、自分がそれまで知らなかった分野でも次々とチャレンジしてきましたし、世の中に存在していなかった事業をゼロから創り出した経験もあります。実際にやってみると、想像もできないような世界だったということはほとんどありません。人のやることに大差はないのです。

確かに新しいことにチャレンジすると、自分が今まで経験してきたやり方とは違ったものに遭遇します。十分な経験値がないことから失敗することもありました。

しかし、従来からの常識がまったく通用せず、やるべきではなかった、と思えるようなことはゼロだったのも事実です。犯罪や反社会的なビジネスに手を染めるというようなことならば話は別なのかもしれませんが、そうでなければ、想像を絶するような事態など、普通は遭遇しません。

思い切ってチャレンジしてみたら、思ったほど難しくなかったということが圧倒的に多いはずです。

もちろんこれは性格によるところも大きいでしょう。筆者はどちらかと言うと、慎重なタイプですから、石橋を叩いて渡っています。もっと楽観的に考えがちな人にとっては、やってみたら、想像以上に大変だったということもあるのかもしれません。

しかし、人がやることですから、それほどの違いはないと考えるのが自然です。

もし、「そんなことには手を出すべきではない」という声高な主張を耳にした場合には、それを発した人の意図を少し疑ってみた方がよいでしょう。

何事もバランスが大事です。肯定でも否定でも、表現が過剰なものは、ある程度割り引いて考えた方が、現実的なのです。

第4章

お金持ちは投資が大好き

○賃貸とマイホーム購入、どっちがいい？

Aさんの友人がとうとう夢のマイホームを購入しました。新築マンションで価格は4000万円、30年ローンです。「とうとう守りの人生に入ってしまったよ」と自虐的に笑う友人でしたが、まんざらでもなさそうです。

Aさんは何としてもマイホームが欲しいと思っているわけではありませんが、やはり身近な人がマンションを買うのを見ると、心が少しざわつきます。ただ、マンションの金額やローンの期間などを聞くと、げんなりしてしまうのも事実です。

Aさんは、マネー誌などを読んだり、周囲の人に聞くなどして、賃貸がいいのか、購入がいいのか、これまでもいろいろと考えてきました（Aさんにはその前に結婚という大きなイベントがあるはずなのですが……）。

しかし、どの雑誌を読んでも、どちらがよいのか、ピンと来る答は書いてありません。友人は少し迷った末の決断でしたが、Aさんは、マイホームを買うのは当然と考えている人が、ある意味でうらやましくてたまりません。

家を買うことは投資である

賃貸がよいのか、それとも、持ち家がよいのか。これは永遠に続く哲学論争のようなものです。Aさんはいろいろと勉強しても、どちらがよいのか、なかなかピンと来ないようです。

どちらがよいのか分からないというAさんは、理解力が足りないわけではなく、優柔不断なわけでもありません。答が分からないAさんは、実は正しいのです。

というのも、**賃貸と持ち家というのは、経済的行為としてはまったく別のものであり、両者を同じ土俵で比較することがそもそも無意味なのです。**すべての人が同じ条件で、賃貸と持ち家を比較できるわけではありません。つまり、賃貸派、持ち家派という対立は実は存在しないのです。

家を買うという行為を決断する時に忘れてはならないのが、目的が何であれ、それは立派な投資行為であるという点です。

家を買ってしまった以上は、それは投資であり、うまくいくかいかないかは、投資がうまくいったかいかないのかという問題に収束してくるのです。お金持ちの人は、無理な住宅ローンには否定的なことが多いのですが、それは、このあたりに理由がありそうです。

投資を成功させるためには、投資した金額を上回る収益を上げる必要があります。マイホームの場合には、これを商品として賃貸に出した場合、何％の収益を上げられるか、もしくはその家が将来値上がりするのかがすべてということになります。

４０００万円のマンションを購入し、それを月あたり15万円で賃貸することができれば、経費を除くと1年間の収益は１８０万円になります。４０００万円を投じて、年間１８０万円の収益ですから、利回りは１８０万円÷４０００万円で、４．５％ということになります。もしこの利回りが長期間維持できるのであれば、まずまずの投資と判断してよいでしょう。

これはマンションに自己居住していても同じです。自己所有のマンションに住んでいれば家賃を支払う必要はありませんから、その分は収益があったと考えるのです。

実際には、ここから、管理費など経費やローンの返済分を差し引く必要があります。

このマンションを頭金５００万円、金利2％、30年ローンで購入したとすると、月々の返済額は約13万円になります。そうなってくると、ローンの返済を差し引いてしまうと、収支はトントンということになります。

一方、将来インフレが発生して、マンションの値段が上昇するのであれば、その分はまるまる利益となります。結局のところローンでマンションを買うという投資が成功するのかは、その家が将来値上がりするのかどうかにかかっているわけです。

ここで読者の方からは、家を持つ意味はそれだけではない、という声が聞こえてきそうです。

その通りです。多くの人にとって、家は投資以上の意味があります。

そのような人はこう考えるとよいでしょう。**安心感や満足感が欲しくてマイホームを購入したのであれば、金利分はそのための経費であり消費なのです。**最終的には、その金額が妥当であるのかが、重要な判断基準ということになります。

一方、賃貸は非常にシンプルです。ある期間家を借りるために、対価を払うというただの消費ですから、その対価が家の質に見合うかどうかだけを考えればよいわけです。

つまりマイホームの購入は、投資と消費が複雑に組み合わされたものであり、賃貸は純粋な消費のみということになります。この二つを同じ条件で比較できないのは当たり前のことなのです。

お金持ちになれる人の投資に対する姿勢はシンプルです。将来、マイホームが値上がりすると思うのであれば購入すべきでしょう。そうでなければ賃貸の方が得策です。

○親の介護を投資に変える

B子さんには少し年の離れたお姉さんがいます。B子さんの姉の旦那さんは、地方出身なのですが、実家には、高齢になるお父さんが一人暮らしをしていました。

旦那さんは、先日、都内にマンションを購入して、父親を呼び寄せました。

そのマンションは中古でしたが、よく管理され、高齢者も多く居住している雰囲気のよい物件でした。旦那さんが父親を呼び寄せたのは、いろいろな面で心配だったからです。

しかし旦那さんが父親のためのマンションを購入したのは、それだけが理由ではありません。それは一種の投資なのだそうです。

旦那さんは、購入した中古マンションの内部を少しリフォームし、高齢者用に改造したそうです。将来、父親が亡くなった時には、高齢者用のマンションとして売り出すことを考えていたのです。

旦那さんによれば、将来、この部屋を売り出せる見込みがあるので、介護などで出費が必要となっても、安心して父親のためにお金を出せると話しています。

お金持ちは支出をただの支出にしない

お金持ちになれる人となれない人の最大の違いは、お金の使い方です。**お金持ちになれる人は、支出をただの支出にしません。次につながるための支出、つまり投資にしてしまうのです。これに対してお金に縁のない人は、単なる支出ばかりになってしまいます。これが生きたお金の使い方ができるかどうかの違いとなります。**

B子さんの姉夫婦の立派なところは、大きな負担となる可能性の高い、親の介護という分野にも、投資の感覚をしっかりと生かしているところです。

多くの人が、親が病気になったり、介護が必要な状況になってから、あわてて対応策を考えます。準備がまったくできていないので、これが結果的に大きな経済的負担になってしまうことも少なくありません。

旦那さんは、まだ父親が健康で十分に動けるうちから準備をスタートしているという点で、非常に計画的です。さらに、父親を呼び寄せるために購入したマンションの選定基準がなかなか優れています。高齢者からの目線が徹底しているのです。

若いうちはあまり気がつきませんが、高齢者になると、ちょっとした段差のあるところも非常に危険な場所となります。

廊下やエレベータホールなど公共スペースの余裕も非常に大事になってきます。ごくわずかな違いでも、車いすの入りやすさなどが全然違うというケースはよくあるのです。そういった観点で物件を選択すると、これまでとはまったく違った景色が見えてくるはずです。

これからは、好むと好まざるとに関わらず、高齢者の数が増加してきます。それに応じてマンションの価値も大きく変わるはずです。

以前は駅から遠くても、小綺麗な物件であれば、それなりに人気がありました。しかし、高齢者が増える社会では、できるだけ駅から近く、利便性が高い物件が好まれます。また部屋は多少狭くても、公共スペースにゆとりがある、ゴミ出しの時に雨に濡れなくてよい、段差が少ない、といった要素がより重要視されてくるのです。

旦那さんの父親は現在、地方都市の郊外にある一戸建てに住んでいるわけですが、引っ越した後の生活の負担はかなり少なくなると予想されます。これは父親の健康にとってもプラスに働くでしょう。

さらに、旦那さんは父親が将来、亡くなってしまい、マンションを売却する時になっても、資産価値が落ちないよう、細心の注意を払っています。

このまま、郊外の戸建てに父親が住み続けた場合、父親が亡くなってしまう頃には、その資産価値を大きく減らしているはずです。一方、旦那さんが用意したマンションは、その時がきても、比較的高い値段で売却が可能と思われます。

高値で売却が可能という金銭的裏付けがあれば、父親が仮に介護などが必要となり、経済的負担が増えても安心して対応することができます。結果として、父親に対しても、より優しく接することができるわけです。

これでB子さんの姉夫婦は何らかの利益を得ているわけではありませんが、心にゆとりを持って対応できる、物理的な支出や移動を最小限にできるという点では、まさに優良な投資と言ってよいでしょう。

こうした姉夫婦の行動は、普段から父親とコミュニケーションをしっかり取り、状況をよく理解していなければ、なかなか思いつくものではありません。また市場の動きについても敏感になっておく必要があります。

市場を理解し、人としっかりコミュニケーションを取る。これはお金儲けということだけにとどまらず、すべての基本と言ってよいものです。

B子さんの姉夫婦はお金に苦労することなく、一生を終えることができるはずです。

○ 必要な貯金額はいくら？

Ａさんは現在、３００万円ほど貯金があります。あまり多い方だとは思いませんが、貯金ゼロという同僚もいますから、それなりに堅実なのではないかと思っています。

ある時Ａさんは、自分に必要な貯金額が分かるというアプリに挑戦してみました。年収や家族構成、持ち家の有無などのデータを入れると、必要な貯金額が出てくるというものです。

それによると、Ａさんの貯金額ではまだまだ足りないという結果が出てきてしまいました。そこに書いてあった情報によると、老後安心して生活するには、１億円以上の金額が必要になるそうです。これは年金を加えた額だそうですが、Ａさんが老人になる頃には年金がちゃんと需給されている保証はありません。

もっと貯金しろという話は頭では理解できるのですが、現実的に難しいですし、本当のところ貯金をすれば安心なのかについて疑問を感じています。

Ａさんは、これからどの程度の貯金を目指せばよいのでしょうか？

貯金は将来のためにするものではない

日本人は貯蓄好きと言われます。ある程度の貯金があっても、まだまだ足りないと考えている人も少なくありません。最近は若い人にお金がなく、貯金ゼロの人が急増しているという報道もあります。

貯金が多いに越したことはないのですが、ただやみくもに貯金をすればよいというものではありません。

お金持ちの人は総じて、無目的な貯金には否定的です。そうなる理由は、お金に縁のある人というのは、お金の使い方について、人よりもずっと敏感だからです。

貯金をするべきという話の根拠になっているのは、ほとんどの場合、いざという時のためです。会社を急にクビになった、病気で入院することになった、など、想定していなかった事態になった時にまとまったお金があるのとないのとでは雲泥の差となります。

しかし、貯金が多いからといって、こうしたアクシデントに無制限に対応できるのかと言うとそうではありません（億単位のお金を持っていれば話は別ですが）。

年収400万円で年間支出が350万円くらいだった人が会社をクビになったとしましょう。収入がなくなったからと言って、支出もゼロにすることはできません。多くの人にとって、支出を半分以下にすることは不可能です。そうなってくると、年収がゼロでも支出は300万円近くかかってしまうわけです。

仮に500万円の貯金があっても、それで食いつなげるのはわずかに1年半です。その後は、何らかの形で収入を得る方法を探さなければなりません。

このような時に頼りになるのは、むしろお金ではなく、転職や独立がすぐに実現できるような、スキルや人脈を持っていることです。また頼りになる友人がいることも大事なことです。貯金はある程度の水準があれば、それで十分なのです。

これは病気になった時も同じです。保険料の滞納さえなければ、日本では3割の自己負担で病院にかかることができます。命にかかわる重篤な病気の場合には、補助がありますから、最終的にはほとんど無料で治療することが可能です。もし不幸にして、長期間、高額な服薬が必要な重い病気にかかってしまったら、それこそ、ちょっとやそっとの貯金では対応できませんから、セーフティネットの利用を模索する必要も出てきます。

結局のところ、貯金というのは、多いに越したことはないのですが、すべてを解決する手段にはならないわけです。

Aさんは、まだ30代ですから、今後、30年は働くことができます。貯金の金額そのものよりも、自身のスキル向上や人脈の拡大に注力した方が合理的と言えるでしょう。50代以上の人は、老後の生活も現実的なレベルになっていますので、少し話は変わりますが、そうでない人は、むしろ貯金は、自分自身に投資をするための軍資金と考えた方がよいと思います。

これからの時代はその傾向がさらに強くなるはずです。その理由は、時代の変化がますます早くなり、30年後、40年後を見通すことは誰にとっても難しくなっているからです。ひと昔前であれば、将来を見通すことは簡単でした。手に職をつければ、死ぬまで安心して生活ができるという人も少なくなかったのです。しかしこれからは違います。イノベーションの発達で、職業のスキルというのは10年で陳腐化してしまいます。

特定の技能を覚えるよりも、世の中の変化に合わせて、自身の技能も変えていく能力が必要となります。そのためには、常に自己投資をしていかなければなりません。

いざという時に必要な金額を除いては、まとまったお金というのは、こうした「投資」に利用するのがもっとも効率的なのです。

○なかなか投資に踏み切れない

B子さんは先日、銀行の資産運用相談コーナーに行き、はじめて投資信託の購入を検討しました。

窓口では、投資にはリスクがつきものであること、リターンが高い商品はリスクも高いこと、複数の銘柄を組み合わせればリスクを軽減できることなどについて、分かりやすく説明してくれました。しかし、いざ金融商品を買うとなるとかなり迷ってしまいます。

リターンの高いものは非常に魅力的ですが、損を出してしまう可能性も高いと思うと、そう簡単に手を出すことができません。一方、リスクの低い商品は安心して買えそうな気がしますが、銀行預金と変わらない利回りだと、わざわざ投資するメリットがないようにも思えてきます。

いろいろ迷いましたが、今回、B子さんは商品を購入しませんでした。これから少しずつ投資の勉強をして、自分で方針を決められるようになってから、あらためて商品購入を検討しようと思っています。

投資をするのにもっとも大事なこととは？

どのような金融商品に投資をしたらよいのか、迷ってしまったB子さんの感覚は実は極めて正常なものです。現在のB子さんの状況では、どんな商品がよいのか決められるわけがないからです。

銀行の窓口や証券会社に行くと、リスクとリターン、分散投資といった知識は丁寧に教えてくれます。またマネー誌などを読めばこうした知識はすぐに身につけることができるでしょう。しかし、こうした場所では、投資を行うにあたってもっとも大事なことは教えてくれません。それは**「いつまでにいくら欲しいか」ということです。**

漠然と投資をしようと思っているだけでは、なかなか決断することはできません。自分の中での判断基準がないからです。逆に言えば、この部分がはっきり決まれば、どのような投資商品がよいのかは、おのずと決まってくるのです。

ところがほとんどの人が、いつまでにいくら欲しいのかが、自分自身でも分かりません。なかなか投資に踏み切れない背景にはこうしたカベが存在しているのです。

もちろん、いつまでにいくらという数字をはっきり言える人はそうそういないと思います。しかしおおよそならイメージできるのではないかと思います。

例えば10年後に1億円の大金が欲しいのか、それとも10年後に1000万円でいいのかでは、投資のやり方がまったく違ったものになることは何となく想像できるのではないでしょうか？

希望する期間はもっと短いかもしれません。例えば来年に50万円欲しいのかもしれませんし、3年後に300万円かもしれません。あるいは逆に20年後に1000万円かもしれません。お金の使途もいろいろなはずです。車が欲しいという人もいるでしょうし、マンションの頭金が欲しい人もいるでしょう。老後の資金を考えている人もいるはずです。

このようなアバウトな形であれば、何となくいつまでにいくら欲しいのか、イメージできてくると思います。

では、10年後にマンションの頭金500万円を作ることを想定してみましょう。今手元にある余裕資金が200万円だとします。純粋に投資だけで200万円を500万円にするためには、10年間で2．5倍にする必要があるわけです。

そうなってくると、その投資利回りは、年率で約10％になってしまいます。10％の利回りが期待できる投資商品ということになると、かなりのハイリスクです。なくなってもいい、というくらいの覚悟がないと決断するのは難しいでしょう。

もう少し安全に運用したいということになると、利回りが5％程度の商品を検討することになります。利回りが5％ということになると、10年で325万円くらいになる計算です（もちろん元本を割るリスクもありますが）。約1．6倍になっているのですが、500万円の頭金ということになるとまだ足りません。この程度のリスクに抑えるためには、あと175万円、資金を貯める必要がありそうです。

このように**具体的な期間や金額の目標があれば、どの程度、投資が現実的なのか判断ができると思います。**一方で、具体的に期間と金額をはっきりさせてくると、投資というのは、そうそう簡単ではないことが分かってくるはずです。

マネー誌などでは、分散投資をしてリスクを減らす方法などが書いてありますが、リスクを減らしてしまうと、当然ですが期待リターンも下がってしまいます。逆に、それなりの金額を投資で作ろうと思うと、かなりのリスクを取る必要が出てくるのです。

現実には分散投資などというのは、よほどお金のある人でなければ、あまり意味がありません。わずかなリターンを求めて元本割れのリスクを取るよりは銀行に預金したり、仕事をがんばって年収を上げる方がずっと合理的なのです。

○インフレになるとどうなる？

Aさんは、最近、ネットでインフレに関する話題を見聞きすることが増えたと感じています。アベノミクスが物価を上げようという政策であることも何となく理解しています。

しかし、物価が連続的に上がっていくと言われても、Aさんにはピンときません。

Aさんは、小さい時から、不景気だ、デフレだと聞かされて育ってきました。Aさんにとって、物価が変わらないのは当たり前のことなのです。

しかし最近では、周囲の雰囲気がだいぶ変わってきました。

会社の上司の世代の人たちは、「君たちはデフレ時代しか知らないから」などと、自分は何でも知っているという感じで話すのですが、そう言われると反発する気持ちにもなってきます。インフレを知っていたから何だというのでしょうか。

ただ、インフレになると生活が苦しくなるというのは、少し気になります。ネットなどで調べてみましたが、インフレになると、どのように困るのか、あまりはっきりしたことは書かれていないからです。

インフレ時代に現金は大敵！

Aさんの上司たちのインフレ経験については少し怪しいかもしれません。インフレが社会的に問題になったのは、最も近い時期で、1970年代のオイルショックの時ですから、上司がバブル世代となると、まだ子どもです。

インフレの大変さについて、直接的な記憶として残っているのかは微妙なところでしょう。もう少し上の世代ということになると、かなりはっきりしているかもしれません。

それはともかくとして、**実際にインフレが始まると、多くの人にとって生活が苦しく感じられるのは事実です。**

程度にもよりますが、マイルドなインフレであれば、デフレよりはメリットが大きいのですが、人の感じ方は、経済的な分析結果と同じとは限りません。インフレが進むと、国民からの不満が出るケースは多いのです。

インフレとは、物価が上がる、逆に言えば、通貨の価値が下がることを意味しています。インフレが進む時代には、今年は100円で買えたものが、来年は110円になったり、120円になったりしてしまうわけです。ここまで極端でなくても、日銀が現在目標としている2%の物価目標が現実のものとなった場合、10年間で物価は1．2倍に上昇してしまいます。

もしそうなった場合、銀行預金を持っていると大変なことになります。

100円のモノは10年後には120円になっているわけですから、100円を貯金していても、10年後に買える品物の量は、今よりも減ってしまうわけです。100円や120円という程度ならよいですが、車のような高額商品となると話は変わってきます。300万円の商品が2割値段が上がってしまうと、60万円も余計に出費しなければなりません。インフレ時代に銀行預金だけに頼っていては、自分自身の資産を減らす結果になってしまうのです。

インフレが怖いのは、物価の上昇に対して、必ずしも賃金が同じスピードで上昇するとは限らない点です。物価だけが先に上がってしまい、給料が上がるのはさらにその後ということがよく起こります。

そうなってしまうと、インフレが続く限り、給料よりも先に物価が上がるというパターンが継続してしまいます。

過去の歴史を見ると、インフレが進んだ場合には、賃金もいずれ上昇するので、生活の破たんを心配する必要はありません。しかし日々の感覚として、給料が上がるより前に、物価の方が上昇してしまいますから、いつも生活が苦しいという印象になってしまうわけです。

ではインフレ時代にはどうすればよいのでしょうか？

もっともよくないのは、貯金だけに頼ることです。先ほど説明したように、インフレが進むと現金の価値が下がってしまいます。やりくりしたお金を預金だけにとどめておくのは、避けた方がよいでしょう。

投資と言っても無理にリスクを取る必要はありません。物価の上昇に合わせて名目上の価格が上昇する商品への投資を組み合わせていけばよいのです。

具体的には、株式、不動産などが考えられます。また今回のインフレは量的緩和策によるものですから、基本的に円安となっています。ドルなどの外貨に投資することも、インフレの損失を回避する手段になります。

しかしこれらの動きはあくまで中長期的ですから、ＦＸで一気に儲けるという話ではありません。また株や不動産も金利が上昇してしまうと下落してしまうリスクがありますから、その点には注意が必要です。

○ FXや不動産にチャレンジすべき？

投資信託の勉強を始めたばかりのB子さんですが、最近は、不動産投資やFX投資に関する勉強もスタートしました。知り合いの一人がFX投資をスタートしましたし、直接の知り合いではまだいないものの、不動産投資を始めたという人の話を人づてに聞いたからです。

不動産投資で成功した人の本を読むと、大きな借金をして元手を何倍にも増やし、アパートやマンションを一棟まるごと買っているようです。小さな部屋単位の投資は効率が悪いとも書いてあります。

FX投資も元手を何倍にも増やして投資ができるようです。一気に何千万を稼いだという人の話もありますが、やはりリスクが大きいという話も聞きます。

余ったお金で投資信託を少しずつ買っていくだけでは、確かに大きなお金を作るのは難しそうです。その意味では、多少のリスクを覚悟しても、不動産やFXにチャレンジした方がよいのかもしれませんが、B子さんはそこまで思い切れません。

FXや不動産をやる前に株に取り組んだ方がよい

前節では、インフレが進行した場合には、現金の保有は大敵だと書きました。実際、インフレになることを予想して、不動産投資や株式投資、FX投資を始めたという人も少なくありません。

またお金持ちになった人は何らかの形で積極的な投資をしていることが多いというのも事実です。ある程度以上のお金を作ろうと思ったら、投資を検討する必要があるのではないか？というB子さんの考え方は当たっています。

筆者も、十分な情報収集と覚悟をした上のことであれば、こうした投資に取り組むことについて賛成です。しかし、よく理解しておく必要があるのは、**こうした積極的な投資は決して片手間ではできないという現実です。**

不動産投資はもともと土地を持っている人であれば、片手間で実施できるかもしれません。しかし、銀行でローンを組み、ゼロから投資を行うという場合には、物件の選択に吟味に吟味を重ね、入居後もしっかり管理をしていかなければ、銀行の返済負担に耐えられず失敗に終わってしまいます。

多くの大家さんが空き室を出さないように涙ぐましい努力をしています。不動産投資で成功している人は、皆、例外なく、かなりの手間を不動産にかけていると考えてよいでしょう。

サラリーマンの傍ら投資をしている人も多いですが、二つの職場を掛け持ちするくらいの手間が必要となります。決して不動産投資は不労所得ではないのです。

何となく簡単そうだからという理由でＦＸ投資を始める人がいますが、これも正しい選択とは言えません。確かにＦＸは為替を対象とした投資ですから、ドル円でしたら、円が上がるか、下がるかを予想すればいいわけです。

しかし、為替が決まる要因は非常に複雑です。ある時は単純な理由で相場が動いているように見えても、ある局面からはそれが急に変わったりします。また国際的なマクロ経済の動向に大きく影響を受けますから、常に関連ニュースをチェックする必要があります。情報収集も本気で実行するとなると、かなりの手間がかかります。

不思議なことに、**株式投資とＦＸ投資を比べて株式投資の方が難しいと思っている人が少なくありません。しかし現実はまったく逆です。**

FX投資と株式投資を比べた場合、株式投資の方がずっと簡単です。確かに株式投資は一見、難しそうに見えますが、基本的にはその会社が儲かるかどうかという、限定的な範囲の分析で済みます。

FX投資のように無数のマクロ経済の要素を考慮する必要がありませんから、実は単純なのです。数多くの銘柄から最適なものを選択するなど、多少の手間はかかりますが、本質的に困難なことをやっているわけではありません。

また株式投資の場合には、基本的に借金をしないことが前提ですので、自身の資金の範囲で投資ができます（信用取引を除く）。何倍ものレバレッジをかけるFX投資に比べれば、リスクを低く抑えることが可能です。

もし投資信託を買うだけの受け身の投資では不十分と考えるのであれば、まずは株式投資にチャレンジするのがよいでしょう。しばらく株の投資を続けていれば、経験や知識も豊富になってくるでしょう。その時点でFXに興味があれば、チャレンジしてみてもよいかもしれません。

不動産の場合はとにかく物件をたくさん見ることをオススメします。不動産は好きでなければ成功しません。丸一日、物件を見て回って、楽しくてしょうがないようなら、本格的な不動産投資を検討してもよいでしょう。

第5章

精神論では お金持ちになれない？

○お金を使わないとお金持ちになれない？

友人に勧められてAさんは、お金持ち本を読みました。そこには「お金は、ただ貯めているだけでは大きくならない。使ってこそ意味がある」と書いてありました。「お金を思い切って使えない人は、逆にお金持ちになれない」とも書いてありました。

そんなものかなあ、と思いながら読み進めていったAさんでしたが、以前に読んだ別の本では、とにかく支出を切り詰め、貯蓄を増やすことが大事と書いてあったことを思い出しました。

ただコツコツと節約しただけでは大金を作るのは難しそうですが、かと言って、いつも思い切って使ってばかりいたのでは、お金が貯まらないことは確実です。

目の前の100円を大事にしろ、という話もありますし、お金持ちになる人は1万円が落ちていても拾わない、という話も聞いたことがあります。

人によって言うことが違うと、どれを信じてよいのか分かりません。このようなお金持ち本は信用してよいものなのでしょうか？

お金持ち本に書いてあることは本当か？

この本も広い意味ではお金持ち本ということになるかと思いますが、世の中には実にたくさんのお金持ち本が存在します。その中には、それぞれ矛盾することが書いてあることも多く、確かに、どれを読んだらいいのか分からなくなってしまいます。

しかし、**こうしたお金持ち本も、整理してみると、いくつかのパターンに分類することができます。そうすると、必ずしもそれぞれがバラバラの主張をしているわけでもないことが分かってきます。**

お金持ち本で多いのは、①成功者がその実績を語るもの、②お金儲けの一般論を解説するもの、③読者の前向きな気持ちを引き出すためのもの、という三つです。

このうち、成功者が自らの体験を語る本は、刺激的なタイトルがつけられていることも多いので、目に入りやすいかもしれません。成功者が語る本の内容は千差万別です。当たり前のことですが、成功者が歩んできた人生はそれぞれですから、お金儲けのコツだと考える内容も様々になってしまうわけです。

また成功した人は、よい意味でも悪い意味でも信念を持っていますから、「自分はこうして成功した」という思いが人一倍強いという特徴があります。このため人によっては正反対の主張をすることにもなるのです。

これに対してお金儲けの法則を解説したものは、表現こそ異なりますが、よく読むとどの本も同じようなことが書いてあります。当たり前と言えば当たり前ですが、お金持ちになるための方法論というものは、ある程度、確立しているものですから、一般論として本にすれば、内容が重複する部分が出てくるのは当然のことなのです。

「お金はただ貯めているだけでは大きくならない」というのは、お金儲けに関する一般論の一つです。本書も分類すれば、お金儲けの一般論を解説した本ということになりますが、本書の中にもこれに近い内容は含まれています。

もし余裕があれば、本書以外のお金持ち本も覗いてみてください。どこかに共通点を見つけることができるはずです。もし各書籍に共通している内容があれば、それはかなり確度の高い方法ということになるでしょう。

一方、同じお金儲けのことを解説した本でも、読者の気の持ち方に焦点を当てたものもあります。

「高い服を着ると、気分が引き締まるので、仕事も人間関係もうまくいくようになる」といった類いの話です。この話もまんざらウソではありませんが、さすがに高い服を着ただけでは、直接的な効果はありません。つまり、実利よりも、読者のメンタルな部分を重視しているのです。

こうした書籍の場合、時として、内容が矛盾していたり、他の本とは正反対のことを主張しているというケースもあるでしょう。そうなっているのは、現実のテクニックよりも、気持ちの持ち方を重視しているからだと考えられます。優秀な心理カウンセラーは、時として、真実とは逆のことを言って、相手を少しだけ翻弄し、本人にとって最良の結果に導くといいます。こうした書籍も、それと同じようなものと考えればよいでしょう。

もちろん本の中には、自己啓発のニュアンスが強く、クセが強いものもあります。これをどう捉えるかは、読者の皆さんの好みですから、このあたりは人によって傾向が違うかもしれません。

もし、**こうしたお金持ち本を参考にしようと思っているのであれば、少しお金はかかりますが、数多くの本を読んでみることをオススメします。**どこまでが共通のテーマで、どこからがそうでないのか、よく分かってくると思います。貴重なノウハウを整理できると考えれば、それほど高い出費ではないでしょう。

○引っ越しで状況は好転する？

このところB子さんは、少し落ち込み気味です。それほど大きなものではありませんでしたが、仕事でミスをしてしまいました。最近始めた資格試験の勉強もあまりはかどっているとは言えません。

そこでB子さんは、思い切って引っ越しをしてみようと考えました。引っ越しをすれば、気分も変わり、状況が好転するかもしれないと考えたからです。しかし、その考えに猛然と反発したのが、友人のK子さんです。

K子さんは「住む場所なんか変えたって、状況は変わらないよ」と言います。確かにその通りなのですが、頭ごなしに言われてしまうと、ちょっと反発もしたくなります。

K子さんは、むしろ今やっていることを、より一生懸命やった方が、よい結果をもたらすと主張します。でもB子さんにしてみれば、そのきっかけとして何か変化が欲しいのです。これはよくない考えなのでしょうか？

ニワトリが先かタマゴが先か

よくない状況を打開するために、生活環境を変えるべきか？　それとも、マインドを変えれば、状況に対する認識も変わってくるのか？　これは、仕事やお金の分野だけではなく、人生における永遠のテーマと言ってもよいものでしょう。

哲学の世界でもこのテーマは常に論争となってきました。人の心は、周辺の物的環境に大きく左右されてしまうという考え方を唯物論といいます。これに対して、すべては人の心の持ち方から始まるというのが、唯心論、あるいは観念論という考え方です。

唯物論的に考えれば、お金がなく貧しい生活をしていると、心も荒廃してくるということになります。観念論的に考えれば、どんな環境にいても、気持ちさえしっかり持っていれば何も変わらないということになるでしょう。

これはB子さんとK子さんの意見の違いにそのままあてはめることができます。

B子さんは、自身の心が、家など周囲の物理的な環境に左右されると考えています。だからこそ、引っ越しをして気分転換しようと計画しているわけです。これは唯物的に物事を考えているということになります。

一方、K子さんは、そんなことをしても意味がないと思っています。まずは自分の心の持ち方が大事だというわけです。これは観念論ということになります。

どちらが正しいのかという哲学論争をしても、あまり意味はありません。現実問題として、人は両方の面を持っているからです。

人は、どんなにがんばっても周辺の環境から大きく影響を受けてしまいます。精神的に健康な状態を保つために環境をよくするというのは大事な考え方です。しかし一方で、ものは考えようということわざもあります。気持ち次第で、状況はいくらでも克服することができるのも事実です。

これはお金持ちの振る舞いという点でもよく議論となります。

お金に余裕がある人は、行動に余裕や優しさが滲《にじ》み出てきて、さらに人脈が豊富になり、多くのお金を稼げるようになるという考え方があります。一方で、お金がなくても常に堂々としていれば、人の信頼は勝ち取ることができるものであり、金銭的に余裕があるかどうかは関係ないと主張する人も大勢います。

それではB子さんは、この場合、どう判断すればよいのでしょうか？

人には両方の面がありますから、引っ越しをきっかけに気分転換したいというB子さんの考えも正しいですし、まずはマインドというK子さんの考え方も正しいわけです。どちらを選択すべきなのかは、バランスという観点で決めるのがよいでしょう。

B子さんが引っ越しを考えている理由は、引っ越しを一つのきっかけにしたいという前向きなものかもしれませんが、一方で、単なる現実逃避である可能性もあります。現実逃避という側面が強いのであれば、その引っ越しはもう一度、ゼロベースで考え直した方がよいかもしれません。

一方、K子さんのような考え方については、頑固さがそうさせている可能性もあります。**ちょっと気分転換をすれば、状況が好転することはよくある話です。迷路の中に自分で自分を追い込んでいる可能性について考慮する必要があるでしょう。**

ただ、今回のB子さんのプランは、引っ越しをするというものですから、それなりの出費を伴います。旅行などもそうなのですが、お金を出して刺激や変化を得るというやり方は、時として効果的ですが、高くつくことが多いのも事実です。

B子さんが、何らかの変化を求めているのであれば、もう少し身近なことから始めるのがよいかもしれません。ちょっとした変化で気持ちが軽くなるのであれば、大成功ですし、実際にやってみて、状況が変わらなければ、あらためて引っ越しを検討してもよいでしょう。

○お金持ちが長財布を好むという話は本当か？

Aさんは先日読み始めたお金持ち本を引き続き読んでいるのですが、今度は「お金持ちの人は長財布を持っている」という記述が出てきました。

長財布を持つとお金持ちになれると聞いて、すぐに長財布を買うほどAさんは単純ではありません。しかし、たくさんのお金を稼いだ人に、そのような特徴があるのなら、やはり何らかの効果はあるのかな？などと考えてしまいます。

Aさんは、お金持ちの人は財布そのものを持たず、現金をクリップで留めて持ち歩いているという話も聞いたことがあります。

ネットで調べてみると、こうした話の多くはただの都市伝説だという説明もよく目にします。ファーストクラスの乗客を観察する機会が多い、あるキャビンアテンダントによると、ファーストクラスのお客さんの多くは二つ折りの財布だそうです。

あれこれ考えていたのですが、Aさんは、何となくバカらしく思えてきました。

お金にまつわる都市伝説と付き合う方法

お金持ちの人が長財布を持っているという話は、一種の都市伝説だと思われます。そのような話を記述した本が売れたことで、拍車がかかったようです。

ただ、**こうした都市伝説的な話も、解釈のしようによっては、有益な情報に変わることもあります。**お金持ちになれるマインドを身につけている人は、むしろこうした都市伝説や噂話さえも、情報源として活用してしまう強さを持っています。その意味で、あれこれ考えた自分がバカらしくなったAさんは、まだ修行が足りないかもしれません。

都市伝説はただの噂のようなものなのですが、それが生まれてくる背景には、何らかの理由が存在していることも少なくありません。

お金持ちは長財布を使う、お金持ちは財布を持たないなど、お金の持ち方に関して数多くの都市伝説が生まれてくる理由は何なのでしょうか？

それは、多くの人にとって、お金というものが「よく分からない不思議な存在」であることが原因と考えられます。つまり、皆、お金に興味はあるのですが、お金の正体がよく分かっていないのです。

冷静に考えてみれば理解できると思いますが、財布の形でその人の経済的状況が変わるとはとても思えません。また長財布は結構使いにくく、実用的でないことは誰にでも分かるはずです。さらにお金をクリップ留めして、財布を持たないなど、あまりにも不便で話にならないでしょう（お金を見せびらかしたい人は別ですが……）。

普通に考えればあり得ないことが、都市伝説としてまかり通っているということは、お金に関して、「何か特別な知恵」のようなものが存在しているのではないかと、多くの人が考えていることの裏返しなのです。

お金を儲けることはそう簡単ではありません。それをやってのけたお金持ちの人は、人とは違う何か特別なものがあるのではないか？　是非それを知りたい、という思いが、こうした都市伝説につながっていると考えられます。

だとするならば、**多くの人がお金に対して苦手意識を持っているはずであり、逆に、お金について多くのことを知ることができれば、大きなチャンスとなります。**

このような都市伝説と出会ったら、妙に納得したり、反発したりせず、なぜこうした都市伝説が発生するのか、その背景を考えてみるとよいでしょう。それだけで、人にはない知識や知恵を身につけることが可能となるはずです。

同じような話に世の中におけるタブーがあります。

世の中には、「○○をしてはいけない」という、いわゆるタブーが存在しています。こうした話も、通常は「ダメなものはダメ」で片付けられてしまうのですが、その背景を探るといろいろなことが分かってきます。

日本では人前でお金の話をすることはタブー視される傾向があります。しかし、これがタブーだと言われているということは、実際にそのような行動を取っている人がそれなりに存在していることの裏返しでもあります。

さらに言えば、こうしたタブーを破って行動している人が、大きな経済的利益を得ている可能性も高いと考えた方がよいでしょう。世の中のタブーと言われることの何割かは、誰かが抜け駆けして、オイシイ思いをしないよう、お互いに牽制する役割を果たしていることもあるのです。

タブーと言われていることを、わざわざ積極的に破る必要もありませんが、なぜタブーと言われているのか、冷静になって考えてみることも重要です。 つまらない先入観に左右されてチャンスを逃すというのは非常にもったいないことです。

○ 正直すぎることの弱点

B子さんは、お客さんへのプレゼンで、内容が優れているにも関わらず、時々、ライバルの会社に負けてしまいます。

理由はB子さんが正直すぎるからです。

ライバル会社は、ちょっと無理かもしれないという話でも、自信たっぷりと「大丈夫です」と言い切ってしまい、結果として提案が採用されることが多いのです。B子さんは安易に「できます」と言うのは無責任だと考えているのですが、そこが弱点になってしまっているようです。

いつもお世話になっている例の女性社長にこのことを相談してみたところ、やはり答は想像していた通りでした。多少無理でも「できます」と言うくらいの覚悟がなければダメだと女性社長からも言われてしまいました。

特に気になったのは「無責任な回答はできない」というB子さんの考えは、相手のためではなく、自分のためではないのか?という女性社長の一言でした。

仕事における誠実さとは

無責任な回答はできないという考えは、顧客のためではなく、自分自身の保身のためであるという女性社長の意見は核心を突いています。この話は、仕事における誠実さとは何なのかを考える上でいろいろなヒントを与えてくれます。

確かに、できもしないことを安請け合いして相手に迷惑をかけるというのは、絶対にしてはいけない行為です。その意味で、無責任なことは言いたくないというB子さんの考え方はあながち間違っていません。

では、誠実にプレゼンに取り組んでいるB子さんの提案が採用されないのは、どういう理由からなのでしょうか？

ライバル会社の担当者が、ちょっと難しいことでも「できます」と安請け合いしているというのは、あくまで商品やサービスを売り込む側からみた理屈です。お客さんはそれほどバカではありません。彼等もプロですから、どこまでなら本当に実現できるのかどうか、ある程度察しはついているはずです。

安請け合いするのでライバル会社の提案が通るという考え方は、顧客の能力を軽視していると解釈することもできるのです。顧客の担当者はそのあたりも理解した上で、B子さんではなく、ライバル会社の提案を採用していると考えるべきでしょう。

つまり、相手は、誠実に仕事をしてくれることはもちろんなのですが、何としてもやり抜くという心構えについても非常に重視しているのです。その点で、少し難しい話について、迷わず「やります」と答えたライバル会社を高く評価したのです。

実はB子さんは、**相手の判断基準をよく理解していない可能性があります**。さらに言えば、うまくいかなかったら自分の責任になるということを過度に気にしているのかもしれません。女性社長はここを指摘したかったのだと思います。

人よりも多くお金を稼ぐには、相手に対して一歩踏み込んだ提案や交渉を行うことが重要です。そのためには、こうした思い切りのよさも時として必要になるものなのです。

家電製品などの内部で部品を実装するために使われる部材の一つにプリント基板と呼ばれるものがあります。プリント基板を製造する大手企業の一つがキョウデンという会社です。

この会社は実業家の橋本浩氏がゼロから立ち上げ、一代で巨大企業に成長させたのですが、橋本氏がこの会社を始めた経緯を聞くと多くの人が驚きます。

橋本氏はプリント基板の専門家でも何でもありませんでした。何か新しいビジネスを立ち上げようと思案していた時、試作用のプリント基板には高いニーズがあると、知人から聞いたことが起業のきっかけです。しかし、経験もお金もない人が、いきなり製造業を立ち上げようと思っても簡単にいくはずがありません。

そこで橋本氏がとった作戦は、業界紙に「試作用プリント基板の制作○日で請け負います！」という広告を打つというものでした。その段階で、橋本氏のところには、工場はもちろん、従業員すらいない状態です。

ところが広告を出した日から、橋本氏の電話は鳴りっぱなしの状態となりました。橋本氏はプリント基板製造装置のメーカーに電話して機械をすぐに据えつけてもらい、ビジネスを始めたのです。キョウデンという名前は「今日から電器屋」という意味だそうです。

工場もないまま広告を出すなど、考えようによっては無責任ですが、おかげでこのビジネスには大きなニーズがあることを知り、結果的に多くの顧客を満足させました。そうであるからこそキョウデンは巨大企業になり、橋本氏は億万長者になったわけです。

責任を果たすといっても、その考え方はいろいろなのです。

○強く自覚すること

B子さんは、顧客企業のプロモーションに同行し、多くのファッションモデルと話す機会がありました。

モデルの仕事は綺麗な洋服を着て、ただ歩いているだけのように見えますが、実はそうではなく、大変なスキルを求められる仕事だそうです。どうすれば気品があるように見えるのか、非常に気になっていたB子さんは、モデルの人はどんなトレーニングをするのか聞いてみたのです。

モデルさんから聞いた話は意外なものでした。まず身につけなければいけないことは「自分はモデルである」と強く自覚することなのだそうです。

モデルとしてモデルらしく振る舞うというイメージが自分の中でしっかりと確立していないと、カメラや聴衆の前で人を惹きつける自然な動きをすることができないのです。

プロの仕事というのはレベルが違うものだということをB子さんはあらためて知ることになりました。

お金を強く意識する人にお金は集まる

先ほど、ニワトリが先かタマゴが先かと言う話をしましたが、このモデルの話もこれと大きく関係しています。自分がプロのモデルになりたければ、まず自分自身がそれを強くイメージできなければ何も始まりません。細かいスキルに関する議論はその後にやってくるものなのです。

同じような話はプロとして成功した多くの人が語っています。

著名なノンフィクション作家である沢木耕太郎氏も、同じような経験について語っています。

沢木氏は大学卒業後、銀行マンというビジネス・エリートへの切符を手にします。しかし、出社初日が大雨となり、丸の内で傘を差して会社に向かっていく途中、沢木氏は何かが違うと思い、会社に着くと、そのまま辞表を出してしまったのです。

その後、人のツテでルポを書く仕事をもらったのですが、取材に行く時に、相手に何と名乗ったらよいか分かりません。怖い物知らずだった沢木氏は、偶然出会った高名なプロのデザイナーに、恐れ多くも自分の名刺をデザインして欲しいと頼んだそうです。

まだ何の実績もない沢木氏の依頼を快く引き受けたデザイナーは、「ルポライター」とシンプルに記された名刺を沢木氏に渡してくれました。その名刺はあまりにも輝いて見え、何の実績もない自分がルポライターという名刺を持っていることに、沢木氏は不思議な感慨を覚えたそうです。

沢木氏は、自分はその名刺の中の自分になるのだと固く決意したそうですが、その日から、作家・沢木耕太郎が誕生したわけです。

これは、お金の世界も同じです。

まったくの偶然からお金持ちになる人もいます。**しかし、お金持ちになりたいのであれば、「自分はお金持ちになるんだ」と強く自覚することはとても大事なことです。**こうした強い自覚がなければ、苦しい時に志を貫くことが難しくなってしまうからです。

米国から日本に移住し、あるネット企業を創業した米国人起業家が、雑誌の取材に対して非常に興味深いことを言っていました。

起業家は常に苦しいことばかりなのに、なぜあえてチャレンジするのか？という質問に対して、彼は「起業家とはアーティストのようなものだ」と答えています。

画家はどんなに貧乏でも、どんなに売れなくても絵を描き続ける、小説家は人生のすべてを犠牲にしても小説に取り組み続ける。起業家も同じようなもので、チャレンジすることが運命づけられているのだそうです。

この話には多少の演出があるかもしれませんが、半分以上は真実と考えてよいでしょう。お金はお金が好きとよく言われますが、実際にその通りなのです。**お金について真剣な人のところにお金は集まってきやすいのです。**

お金持ちの家に生まれた人は、親から財産を引き継がなくても、お金持ちになりやすい体質を持っているとよく言われます。それは、家がお金持ちであるが故に、お金に対する意識が小さい時から自然に身についているからです。

もちろん皆がうまくいくわけではありません。お金がたくさんある環境に甘えてしまい、ダメになってしまうお金持ちの子どもはたくさんいます。しかし、お金に対する意識を強く持つことは、お金儲けにとって重要であることは紛れもない事実なのです。

B子さんは基本的にしっかりとした性格ですし、お金の面でも高い意識を持っています。しかしB子さんが本当の意味でお金に縁のある生活を送ろうと思うのであれば、もっと自分の殻を破っていく必要があるでしょう。

モデルのプロ意識について話を聞けたことは、B子さんにとって、よい経験になったと言えます。

ジンクスが気になる人は考えすぎ？

Aさんにはちょっとしたジンクスがあります。朝、いつも乗っている時刻の電車に乗り遅れた日にはロクなことがないというものです。

実際、会社に着くと顧客からのクレームのメールが入っており、午後には上司から仕事の進め方について叱責されてしまいました。やっぱり最悪の一日です。こういうことがあると、どうしてもAさんは、すべてを悪い方向に考えてしまいます。

こんな調子ですから、電車に乗り遅れてしまった日は非常に憂鬱なのです。

一方、同じ部署に所属する同僚のPさんはAさんとは正反対です。

嫌なことが連続して起こっても、それは単なる偶然であるとして、あまり気にしていない様子です。時々ネガティブに物事を考えてしまうAさんは、たまにPさんのことをうらやましく思います。

ジンクスについて気になっているAさんは、やはり神経質すぎるでしょうか？

ジンクスを軽視してはいけない理由

科学的に考えれば、ジンクスのほとんどはウソということになるでしょう。Aさんが電車に乗り遅れてしまったことと、顧客からクレームがついたことは直接関係ないからです。

しかし、世の中とは不思議なもので、悪いことやいいことは、必ずしも均等な間隔で発生するわけではありません。数学的にもこれは明らかにされているのですが、ある時期に集中して機器などが故障を起こすといった事象は、広く観察されます。ある人から見れば、それが、何らかのつながりがあるように感じられるというわけです。

しかし、Aさんの周囲で起こったいくつかのトラブルが、すべて無関係で、偶然であると片付けてしまうのは早計かもしれません。**何かよくないことが起こっていると思える時は、冷静に状況を判断することが重要です。お金を稼げる人は、このあたりが非常にしっかりしていることが多いのです。**

Aさんはもしかしたら、このところ体調がよくないのかもしれません。

いつもなら朝はもっと早めに起きて、余裕をもって支度ができていたかもしれないのです。そうであれば、いつも乗っている電車に乗り遅れることはなかった可能性があります。

クレームのメールが来ているのも、体調不良によって、Aさんの仕事の進め方に何らかの問題が発生していた可能性もあります。さらに言えば、朝電車に乗り遅れ、顧客からのクレームのメールが来ていたことで、気持ちが落ち込み、集中力を欠いていたのかもしれません。そう考えると、午後、上司から叱責されたことも含めて、**すべての出来事について、何らかの因果関係が存在するということにもなります。**

お金持ちの中で、運を大事にしたり、ゲンを担ぐという人は少なくありません。こうしたタイプの人は、仕事を進める上でのムードを非常に重視します。ムードがよくなかったり、流れが悪いと、思い切って仕切り直しをするという人もいるくらいです。

この行動だけを見ると、非常に感覚的に物事を判断しているように見えますが、必ずしもそうとは限りません。

ムードがよくないという状況の背景には、Aさんのケースのように、何らかの出来事が、ネガティブにつながっている可能性が否定できないのです。

そのような可能性があるという場合には、思い切って状況を変えてしまった方がいいということも十分あり得るわけです。

ムードが悪かったら仕切り直しをするというのも一つの方法ですが、筆者は、より冷静に状況を分析することを勧めます。なぜそうなっているのかを突き止め、その原因を排除することによって、確実に事態を改善できるからです。

もしAさんの体調が悪く、それが仕事にも影響していることがはっきりした場合には、思い切って休みを取るのもよいかもしれません。精神的なイライラが募っているなら、そうであることを自覚することが何より重要です。

世の中では、感情をコントロールすべきだとよく言われます。しかし人間である以上、感情を完璧にコントロールすることなど不可能です。**むしろ大事なのは、今、自分がどんな感情の状態にあるのかを知ることです。**

イライラしているのか、落ち込んでいるのか、それともハイになっているのかを自身で理解するのです。イライラやハイな気分を完全にコントロールすることはできなくても、それが原因となるトラブルを事前に回避することは可能です。イライラしている時に、わざわざ面倒な作業をする必要はありません。ミスを誘発するだけだからです。

お金が絡むと人は特に感情的になります。**お金との付き合いが上手な人は、感情をうまく抑制しているわけではありません。自分の感情に正直なだけなのです。**

第6章

人との付き合いは、お金との付き合い

○同じ境遇の友人同士でつい安心…

Aさんは、先日、大学の同級生と飲みに行きました。メンバーは、同級生で比較的仲のよかった三人組で、この三人はよく一緒に飲みに行っています。

三人のうち一人はすでに結婚していて子どもがいます。もう一人はAさんと同じ独身です。業界は違いますが、会社での状況は、皆、似たり寄ったりです。

どこの会社もそうですが、社員の平均年齢は上がっていて、上のポストがなかなか空きません。一昔前ならAさんたちの世代になると管理職に昇進する人が増えてくるはずなのですが、Aさんを含めて管理職に昇進した人はまだいません。

Aさんは残りの二人が自分と同じ境遇だったことに少し安心しました。しかし、このまずっと皆が同じ状況というのは、あまりいいことではありませんし、逆に誰かが昇進してしまうと、少し距離感ができてしまうかもしれません。

楽しい飲み会ではありましたが、Aさんは、少し複雑な気持ちになってしまいました。

人と会う理由を真剣に考えよう

わたしたちは、あまり深く考えずに人と会っています。

特に以前から知り合いだった人と会う時は、ほとんどの人が、なぜその人と会っているのかなど考えもしないでしょう。もちろん筆者もそうでした。

しかし、お金持ちになろうと思うのであれば、その考え方は少しずつ修正していかなければなりません。時間は非常に貴重なものです。**誰とどんな時間を過ごすのかは、あなたのお金に直結した問題と考えるべきなのです。**

筆者の知人に少し変わった人がいます。

彼は自分にとってメリットがあると考えた人以外とは、会ってお茶をしたり、食事をすることがほとんどありません。彼の時間割は、仕事の時間と家族と過ごす時間しかなく、他人との食事はすべて仕事の時間として処理しています。

彼が会う相手というのは、仕事で直接的なメリットがある人か、自分よりも優れたものを持っていて、その人と会っていると自分にとってプラスになると思える人のどちらかです。境遇が同じ人と何となく時間を過ごすということがまったくと言っていいほどありません。

その結果、彼は仕事においてめざましい成果を上げています。

そこまでガチガチの生活をしていて、息苦しくないのかと思います。筆者がそのあたりを彼に聞いてみたところ、彼にも息抜きの時間は存在していました。それは猫と過ごす時間です。

彼は猫が好きで猫を飼っているのですが、猫と遊んでいる時間が、最大の息抜きの時間だったのです。

彼に言わせると、友人と飲みに行って愚痴るのは、単純にストレス発散であって、経済的には何も生み出さない行為なのだそうです。猫と遊ぶのも同様で、単純なストレス発散であって、具体的に役立つことはないと言い切ります。つまり彼の中では、友達とダラダラと飲みに行くことと、猫と遊ぶことは同じ種類の時間の過ごし方なわけです。

そうであれば、時間もお金もかかる友達との飲み会は、単なる時間とお金のムダという解釈になります。

こうした彼の考え方はかなり極端です。しかし、非常に合理的でもあります。

彼の優れたところは、なぜ人と会っているのかという理由を自分でよく理解している点です。これは他の人との大きな違いと言えるでしょう。

Aさんの飲み会は、乱暴に言ってしまえば、生活環境が近い人同士で、状況を再確認しているだけにすぎません。それが励みになるという効果はあると思いますが、Aさんに新しい視野を提供してくれる可能性はほとんどゼロと言ってよいレベルです。

大事なことは、人間関係について先入観で決めつけないことです。筆者の知人も、生まれた時からこのように友人関係を捉え、猫と遊ぶことでストレス解消をしていたわけではないでしょう。

しかし仕事でのキャリアを磨くうち、徐々に人間関係が洗練されたものになり、最終的に今の形にたどりついたのだと思います。人間関係はこうあるべきだ、と最初から決めてかかってしまうと、柔軟な発想ができなくなります。まずはそうした束縛から自由になり、ゼロベースで考え直してみることが重要です。

これまでの人付き合いを一気に変えてしまう必要はありません。**しかし、経済的に豊かになりたいのであれば、人との付き合い方はもっと戦略的に考えていく必要があります。**

世の中には、自分より優れていて、自分にとって参考になる人物はたくさんいます。そうした人物から積極的に知識や知恵を得ることは、お金持ちへの早道なのです。

○ドライなことは悪いこと？

B子さんは、いつも親しくさせてもらっている例の女性社長から、ホームパーティに誘われました。女性社長が毎年開いているもので、いろいろな業界の人が集ってくるそうです。B子さんはもちろん参加することにしました。

パーティにはいろいろな業界人が来ていましたし、参加者の4分の1くらいは外国人でした。ここでB子さんはちょっとびっくりする出来事に遭遇しました。

飲み物を飲んでいると、B子さんはある外国人の女性から話しかけられました。一通り自己紹介すると、彼女はちょっと世間話をしたかと思うと、すぐに別の人のところに行ってしまいました。彼女にとってB子さんは、積極的に話す相手ではないと判断されたようです。

パーティの様子を見ると、参加者はだいたいそんな感じでした。いろいろな人と会話をしていますが、皆、相手がどんな人か値踏みをしているようです。やはりお金持ちの人たちはドライなのでしょうか。

必要な人脈、不必要な人脈

このホームパーティでの参加者の言動は、少々ドライで冷たい感じがします。しかし成功している女性社長の知人が集まるパーティですから、参加者もやはりそれなりの成功者ということになるでしょう。

こうした人たちは非常に人脈を大事にします。しかし彼等が追求しているのは、知り合いの数ではありません。質が問題となるわけです。

確かにB子さんは相手から値踏みをされたような印象を持ったかもしれません。実際、会話をした女性にとっては、B子さんはあまり役に立たない人脈だったのでしょう。しかしこうしたドライな割り切りは結局のところB子さんにとってもメリットとなります。**双方が求めていない間柄で、無理に付き合いを維持しても意味がないからです。**

以前、お笑い芸人のOさんが、著名なキャスターKさんに駐車場で会って挨拶をしたところ無視されたとラジオ番組で発言したことがありました。

Kさんがどういった理由でOさんの挨拶を無視したのかは分かりません。しかしKさんがこの件について、後日、自身も大企業の著名社長に偶然出くわし、挨拶をしたところ無視された経験があると話していることを考えると、意図的に無視した可能性が高いと考えられます（ここではそういう前提で話をします）。

おそらくKさんにとっては、Oさんは付き合うメリットがない人物だったのでしょう。筆者は個人的には、メリットがない相手だからといって挨拶まで省略するという考え方にはまったく賛同できませんが、世の中にはそうした人が大勢いるのも事実です。

ここで大事なのは、結局、Kさんは、Oさんにとっても、付き合うメリットがない人物だということです。

Kさんは、Oさんの挨拶を無視したくらいですから、真剣にOさんと付き合う気はないのだと考えられます。確かにOさんは、無視されて面白くないと思いますが、仮にKさんが本心を隠してにこやかに挨拶をしたとしても、その後、親しく付き合おうとはしないでしょう。

つまりOさんにとっても、Kさんと親しく付き合うメリットは何もないのです。**その人がよほど自分に利益をもたらす相手でもない限り、嫌な思いをしてまでも付き合う必要などまったくありません。**

もし相手から冷たい態度を取られたら、「ああ、この人はわたしにとって付き合うメリットがない人だな」と考えればそれでよいのです。

Oさんは、人脈が云々ということよりもマナーのことを言いたかったのだと思います。しかし、現実には、自分が考えるマナーを相手が持っている保証はありません。マナーがない人にマナーを説くことほど無意味なことはないわけです。

将来、KさんにとってOさんが必要な人物になれば、彼はにこやかに挨拶をしてくるでしょう。その時、OさんにとってKさんが必要であれば、やはりにこやかに応じればよいでしょうし、必要ないと思えば無視してしまえばよいわけです。

もし、前に無視されたことについて腹立たしく思うのであれば、そこは本人の判断ですから、その時には、思い切り無視し返せばよいでしょう。

結局のところ自分にとって本当にためになる人脈というのはそれほど多くありません。広くフラットに多くの知り合いを得ることは理想的ですが、相手もそれを求めている保証はないのです。

自分にとって重要と思える相手とのコミュニケーションに集中した方が、生きた人脈を得ることができるのです。

○自分のことばかりしゃべっていると損

Aさんは先日、取引先に新商品に関する提案に行ってきました。取引先の関係者たちに対する提案内容そのものは、まずまずだったとAさんは感じていました。実際、商談はほぼまとまり、取引先の責任者と食事に行くことになりました。

しかしAさんは、そこで少々ショッキングなことを言われてしまったのです。

その責任者はAさんに「Aさんは自分のことばかりしゃべるから、ちょっと苦労したよ」と言うのです。彼によれば、Aさんが提案する商品はぜひ採用したいと考えており、社内を説得していたのですが、商談でAさんは、自分のことばかりしゃべるので、冷や冷やしたというのです。

Aさんは、自分がそう見られていたとはこれっぽっちも感じていませんでしたから、ちょっとショックを受けてしまったのです。Aさんとしては、一生懸命、商品の説明をしていたつもりだったのですが……。

「自分大好き」から卒業する

取引先の責任者のこの発言は一つの比喩と考えるべきでしょう。当たり前のことですが、Aさんは、自分のプライベートなことを延々としゃべっていたわけではありません。取引先の責任者の人が言いたかったのは、Aさんが、自社商品のメリットなどを一生懸命説明するあまり、顧客企業の担当者と対話し、情報をやり取りするというところまで神経が回っていなかったことを指摘しているわけです。

今回は、Aさんが提案する商品について、当初から取引先が積極的でしたから問題はありませんでしたが、そうでない場合には、うまくいかなかったかもしれません。

商談であれ、人間関係であれ、大事なことは自分が語ることではなく、相手に語らせることです。これができないと相手の状況を把握できず、最適な提案をすることができなくなってしまいます。

経済的に成功する人というのは、こうしたゲームのルールにいち早く気付いた人ということになります。

会社勤めをしている人であれば、周囲の人物を見渡してみてください。**営業成績が非常にいい人や、出世が早い人、仕事ができる人の多くは、聞き上手です。**

中にはグイグイ押すようなタイプで成功している人もいるでしょう。しかし、経済的に成功する人の多くは、相手の話を聞き、積極的に情報収集を行っているものです。

先日、ある人の紹介で、筆者の会社にある営業マンがやってきました。その営業マンは、商品よりも自分を売り込む、ということをモットーにしているようで、名刺に大きな顔写真を刷り込み、「まずはわたしという人物を買ってください」というような説明をしていました。

もちろん営業マンとして相手に顔を覚えてもらうことは悪いことではありません。しかし、それが効果的なのかどうかは、商品の中身や顧客の好みなど、状況によって大きく変わってきます。

筆者は個人的な売り込みよりも、どういう商品を持っていて、どんな提案ができるのかについてたくさん情報が欲しいと話をしました。しかし彼は、「ぜひ御社の御用聞きになりますので、何でも言ってください」と言うばかりです。

筆者にしてみれば、「何でも言ってほしい」と言うので「まずは提案内容についてたくさん情報が欲しい」とリクエストしているのですが、なぜかそこについては対応してくれません。

彼の最大の問題点は、相手の状況に関係なく、一方的に自分を売り込みたいと言い続けている点にあります。まさにこれは「俺が、俺が」という状況です。

相手は商品の情報を求めているわけですから、そこに対して、自分の話ばかりしていても意味がありません。百歩譲って、こうした積極的な営業トークで「落とせる」相手ばかりを狙うというのであれば、それに合致しない筆者は、すぐに想定顧客ではないと判断できます。想定顧客ではない人物に延々と営業しているよりは、自分のやり方に合う次の顧客を探した方が圧倒的に得なはずです。

この営業マンのやり方は顧客をあえて選別するというものですが、本人にはその意識がありません。多くの顧客に自分のやり方が適用できると無意識に考えています。

経済的に他人より一歩先んじるためには、こうした「自分大好き病」を克服していく必要があります。

コミュニケーションの中から相手の状況を的確に理解し、こちらの狙いが相手のニーズと合致したと判断できた時には、一気に押すという柔軟性が必要です。

こうした考え方が身につけばAさんは、これまでとは比較にならない成果を上げることができるでしょう。

○ SNSの付き合いはメリットになるか

B子さんの同僚は、最近SNS疲れに陥っています。

当初は一生懸命SNSに取り組んでいたのですが、最近では情報を発信するのが少し面倒になってきました。周囲の反応が大きくなるような情報を発信しようとばかり考えてしまい、それがかえって負担になっているようなのです。

また友達申請など、細かいコミュニケーションについても、少しうっとうしく感じられるようになってきました。SNSの世界だけで知り合った人も大勢いますが、さすがに人数が多くなってくると、全員をしっかり把握することも難しくなってしまいます。

B子さんの同僚は、思い切ってSNSをやめてしまおうかとも考えたらしいのですが、何となく不安でそれも決断できません。

精神的な負担が重いまま、惰性でSNSを続けている毎日です。同僚ほどではありませんが、この話はB子さんにとっても他人事ではありませんでした。

SNSは必要な人を見つけ出す手段と割り切ろう

SNSをはじめとするネット上のツールに振り回され、疲れ切ってしまっている人は少なくありません。インターネットというお金を引き寄せることができるツールも、それに振り回されてしまったのでは逆効果です。

こうしたツールに振り回されず、うまく活用していくためには、ツールが持っている本来の特徴をよく理解し、それに合わせた使い方をすることが重要となってきます。

ITそのものに疎いという人は別ですが、いろいろツールは使っているのに、今一つ使いこなせていないという感覚を持っている人は、**もう一度、自分が使っているツールの特徴というものを考えてみるとよいでしょう。**

こうしたネット上のツールの最大の特徴は、多くの人に情報を発信できるという点と、無数の人の中から自分に合った相手を見つけ出すことができるという点です。逆に言うと、この法則から外れるような使い方をしてしまうと、逆にツールに振り回されるという結果になってしまいます。

多くの人に対する情報発信は、有名人のツイッターなどをイメージすると非常に分かりやすいでしょう。すでに知名度や社会的な影響力のある人が、自分自身の考えを広く告知したい時に、こうしたSNSなどを多用します。

しかし彼等は、自分の考え方や発言を拡散させることが目的であり、多くの人と密なコミュニケーションをするつもりはないことがほとんどです。ホンネでは、そこから生まれる人とのやり取りなどどうでもよいわけです。

しかし、知名度があるというような人はごく少数ですから、多くの人にとってこの使い方は該当しないでしょう。

ネット上でどうしても自分が有名になりたいという人は、積極的に発信をしているかもしれません。しかしそれは、もはや仕事で役に立つとか、友達が広がるといったレベルの話ではなく、有名になることそのものが目的と言えます。

もう一つの使い方が、無数の人の中から自分に合った人を見つけ出すというものです。ネット上のショップなどがツイッターのアカウントでいろいろなことをつぶやくのはこのやり方に該当します。従来のような広告を打たなくても、SNSにおける情報発信を通じて、自社の商品に興味がある人を抽出できるわけです。

これは個人にあてはめれば、LinkedInなどのビジネス系SNSに登録することと同じです。自分というものを不特定多数の人に見てもらい、仕事になりそうな相手をうまく見つけ出すというやり方です。ここにおいても、不特定多数の人と友達になることはあまり想定されていません。

つまり、ネット上で不特定多数の友達を作りたいという特別な目的を持っている人以外は、ネット上でむやみに知人を増やしても意味がないということになります。

整理すると、ＳＮＳは、一方的に自分の情報を多数の人に向けて発信したい人か、自分が求めているものと、相手が求めているものをうまくマッチングさせたい、と考えている人が活用すると非常に効果的ということになります。

反対に、なんとなく知人友人とコミュニケーションを取りたいと思っている人にとっては、実はそれほど便利なツールではなかったりするわけです。

もし単純なプライベートの延長でＳＮＳを始めてしまい、ビジネスとの境目がなくなり面倒に感じ始めている人は、このあたりの仕組みについて、もう一度、整理してみた方がよいかもしれません。

○結婚相手の経済力は

B子さんは最近、実家に帰省するのが憂鬱です。親はもちろんのこと、親類に会うたびに、まだ結婚しないのかと、繰り返し聞かれるからです。

B子さんは、結婚したくないわけではありません。今まで何人か付き合った人はいましたが、結婚というところまでは至りませんでした。相手に求める要求水準が高すぎるわけではないのですが、やはり結婚ということになるとそう簡単ではありません。どうしても慎重になってしまうのです。

それに引き換え、親戚の人達は「結婚なんて勢いで決めてしまうものだよ」などと暢気《のんき》なことを言っています。ある意味でB子さんはそんな彼等をうらやましく思ったりもします。

確かに20代の時とは異なり、30代に入ってしまうと、盲目的に恋愛するという年ではありません。無意識的に、相手の仕事や経済力など、スペック的なものを求めてしまっているのかもしれません。

パートナーをお金のあるなしだけで選んではいけない

どのようなパートナーと人生を一緒に過ごすのかによって、その人の経済的な環境は大きく変わってきます。その意味で、パートナー選びは非常に重要です。結婚について慎重なB子さんは決して間違っていません。

しかし、パートナー選びが大事だからと言って、**単純に、今、お金があるないといった理由で相手を選んではいけません。それでは精神的な満足が得られないばかりか、経済的にもうまくいかない可能性が高いからです。**

幸せはお金では買えないと言います。これは当たり前のことであり、お金で幸せが買えると本気で思っているような人がいたら、その考え方はすぐにあらためた方がよいでしょう。

ではなぜ人はお金を求めるのでしょうか？

それは人生の選択肢を豊かにしたいからです。人生に選択肢があると、状況に応じてベストな生き方を選択することができます。選択肢が存在していると、人の精神的な満足度は高くなるのです。経済的に余裕があると、選択肢を増やすことが容易になってきます。人がお金を求めるのはそういった理由があるからです。

もし豊かな人生を送りたいと思うのであれば、選択肢を確保しておくことが大事であり、そのためには一定の経済力が必要であるという点を十分に理解しておくことです。人生のパートナーにふさわしいのかどうかは、この部分で同じ価値観を共有できるかどうかにかかっています。

今、経済的に余裕があっても、未来永劫その状況が続く保証はありません。仕事が順調に進まなくなる可能性もありますし、経済情勢が変わるかもしれません。今、お金を持っているということや、立派な企業に勤めているということは、長い人生を考えるとそれほど大きな保証にはならないのです。

むしろ、精神的な満足度や経済力について、共通の価値観を持っていることの方が100倍メリットがあると考えるべきでしょう。

お金というもっとも大事な部分で価値観を供給していれば、ちょっとした行き違いなどは大した問題ではなくなります。なにより、状況が変わりピンチになった時、強い威力を発揮するのです。

筆者の知り合いの、あるエリート金融マンは、奥さんが子どもに対してお受験や音楽のレッスンなど、相当なお金をかけていることについて筆者に愚痴っていました。奥さんは勢い余って家に防音室まで作ってしまったそうですが、子どもを音楽家にする気はさらさらないようです。

知人は筆者には愚痴っていましたが、奥さんとそのことについて深く話し合った様子はありません。このようなパターンはもっともよくありません。

知人は奥さんのしていることをお金のムダ使いだと感じているようです。もし、お互いが納得し、その必要性を理解した上で出費しているのであれば、まったく問題はないはずです。しかし、知人の家では、そうした会話を夫婦で交わさないのです。

もし奥さんの方が、何か別の問題の埋め合わせとして、そうした出費に走っているのであれば、問題はさらに深刻です。旦那さんだけでなく、実は奥さんも、自分が浪費していることを自覚しているのに、誰もそれを止められない状態だからです。この夫婦はせっかくお金があるのに、問題の解決ができず、がんじがらめの状態になってしまっています。

よいパートナーを見つけるためには、相手の経済状況を知ることではなく、経済的なことに対する考え方を知ることが大事です。そのためには、一にも二にも、対話が重要となります。なるたけ多くのことを語り合った相手が、もっともふさわしい相手と言えるでしょう。

○借金を頼まれてしまったら…

Aさんは、先日、初めての経験をしました。人から借金を申し込まれたのです。

人から借金を頼まれた時は基本的に応じてはいけないとAさんは聞かされてきました。

Aさんはそのルールを守り、借金の申し込みは丁重に断りました。

今回、借金を申し込んできた人は、特別、親しい人ではありませんでしたが、それでも頭を下げてお願いしてくる相手をシャットアウトするというのは、いい気持ちではありません。

親しい間柄では、金銭が関係するようなやり取りをしてはいけないとよく言われます。確かに、知人というレベルでこれほど気持ちが動揺したことを考えれば、その通りなのかもしれません。

しかし、友人との間で、金銭に関する話を一切タブーにするというのも、何だか不自然な感じもします。Aさんはこのあたりの線引きをどうすればよいのか考えてしまいました。

貸したお金は相手へのプレゼントと考えよう

知人・友人からの借金の依頼は断った方がよいというのは本当です。借金をしても、何とか体制を立て直し、しっかりと返済する人も中にはいますが、残念ながらそのような人は少数派です。

ほとんどの人は、借金をした後、さらに状況が悪くなり、さらに追加で借金をお願いしてくることになります。依頼を断ったAさんは正解と言えるでしょう。

ただ、このようにドライに割り切ってしまえないところが人間の難しいところです。

現実問題として、こうした相手にお金を貸していると、自分も経済的に大きな損失を抱えてしまうわけなのですが、相手によっては、心情的にどうしても応援してあげなければと考えてしまうケースもあるかもしれません。

そういう時のために借金に対しては、あらかじめルールを設定しておくのがよいでしょう。もっとも大事なのはお金を貸す基準です。

筆者も基本的には人からの借金の依頼は断る主義なのですが、実は何人かにはお金を貸したことがあります。その基準は、やはりそれまで自分がその人からどれだけ世話になったかということになります。

この時重要となるのは、決して相手にお金を貸すとは考えないことです。自分が世話になった人が困った状況に陥っているのであれば、資金をプレゼントすると考えるのです。相手にプレゼントする金額として、申し込まれた借金の額が釣り合っているのかを考え、納得できる金額であれば、あげたと思って貸すのです。

筆者がお金を貸したことがある人は、本来は非常に誠実な人でした。お金を貸しますと言った時には、これで家族が何とかなるかもしれないと、本当に涙を流して筆者に感謝していました。そして借用書も書くと筆者に言ってくれたのです。

しかし筆者は借用書は受け取らず、返せる時になったら返してくれればいいとだけ話をしました。その後、相手から追加でお金を貸して欲しいと連絡があったのは半年後のことです。筆者は丁重にお断りしましたが、当然のことながら、最初に貸したお金は返ってきていません。

人は経済的に追い込まれると、本来持っていた誠実さは消え失せてしまいます。ここで貸したという思いが強いと、どうしてこちらの誠意に応えてくれないのか、という気持ちになり、結局、関係がこじれてしまいます。

借金の依頼があったら、基本的には全額プレゼントするということを前提に、相手から受けた恩を鑑みていくらまでなら出せるのかを考えるのがよさそうです。そして、貸した後は決して、その返済を催促しないことです。

こうした考え方は借金に限らず、親しい人との間で金銭が関係するような事柄のすべてに応用することができます。場合によっては親類縁者との関係にも応用できるでしょう。

ビジネスパートナーとしてドライな付き合いができる相手ではない以上、必ず感情的な部分が影響してきます。相手への期待が大きい分、それが裏切られてしまうと精神的にショックを受け、感情的なトラブルになってしまいがちです。

それを避けるためには、やはり、**出したお金や、受け取るはずの対価は、基本的に相手にプレゼントしたと考えるべきでしょう**。プレゼントすることに抵抗があるようなら、そうした取引はやめるべきです。

知人・友人、あるいは親類縁者との金銭問題で思わぬ損失を抱えてしまう人は少なくありません。また経済的にはそれほどではなくても精神的につらい思いをしている人は多いはずです。

こうしたルールを事前に作っておくことで、つまらないトラブルによって、あなたからお金が遠ざかっていくことを防ぐことができます。

第7章

お金持ちになるために、出費は必要か？

○ お土産をあげる人、ひたすらもらう人

B子さんの職場には奇妙な人がいます。

出張に行った同僚の中には、職場の人にお菓子などのお土産を買ってくる人も多いのですが、その人は、誰かが出張に行ってお土産がないと「お土産ないの？」と言います。しかし自分が出張に行った時には、決してお土産を買ってきません。お土産は義務ではありませんから、「お土産ないの？」と言われた人は、嫌な気分です。

ある時、「お土産がない」と言われた同僚のCさんは、「自分はお土産を買ってこないのに、人に文句を言うのはおかしい」と指摘したのです。言われた当人は、すっかり不機嫌になってしまい、黙って席に戻ってしまいました。

B子さんは「こういうことは本当に面倒で嫌だ」といつも思います。なぜお土産程度のことでここまで争わなければいけないのでしょうか？

いっそのこと、こんな習慣はなくなってくれた方がいいとすら思います。

なぜお土産を買うのかという理由を考える

自分はお土産を買わず、相手からはお土産を欲しがるというのは論外ですが、それを指摘してしまうのも、あまり賢い接し方とは言えません。それは「和」が大事だからというような理由ではなく、**お土産というツールに対して合理的な態度ではないからです。**

こうしたお土産は、ほとんどの場合、お互いのコミュニケーションをスムーズにするために購入するものです。お土産をもらって素直に喜ぶ人であれば、それをきっかけに話が弾むでしょうし、お土産がないと文句を言うことが分かっている人がいるのなら、土産一つで相手との面倒なやり取りを回避できる手段と考えるべきでしょう。

確かに「お土産がないの?」などと文句を言われたら、面白くないでしょう。しかし、ここで相手とケンカになってしまっては、Cさんにとって何の得にもなりません。

相手は、自分はお土産を買わないのに、人にはお土産を要求する、自己中心的な人です。今後、社内でキーマンとして出世していく可能性は限りなく低いでしょう。つまりC

さんにとっては、関わるメリットがまったくない人なのですが、Cさんは、わざわざ注意するという行為によって、ムダなコミュニケーションを引き受けてしまったわけです。

こうした状況は、なぜお土産を買うのかという理由をしっかりと考えていれば回避できたはずです。

先にも触れたように、お土産は、他人とのコミュニケーションをスムーズにするためのツールです。つまり、**「お土産がない」などと理不尽な要求をしてくるような、どうしようもない相手と関わる時間や手間を最小限にするためのコストなのです。**

そうした環境の構築に対して、お土産というコストを払うのがムダだと考えているのなら、理不尽なクレームが出てきても気にしないことです。絡んでくる相手とやり合いたいのなら話は別ですが、そうでないのなら、関わるだけムダです。「その考えはおかしい」と指摘するのではなく、「今回は買う時間がなくてすみません」と言えば、やり取りは最小限で済んでいるでしょう。

ここで大事なことは、お土産を一方的に要求することはよくない、といった道徳の問題を持ち出さないことです。

職場は善悪の決着をつける場所ではありませんし、自分が拠り所とする場所でもありません。あくまで仕事をしてお金を稼ぐ場所であり、できるだけ合理的に物事を進めていく必要があります。

もし過度にお土産を要求する行為がチーム全体のパフォーマンスを下げていると判断される場合、それに対して対処するのは、チームリーダーの仕事です。

筆者は昔、結婚式の二次会を任された時、参加者には、実際にかかった経費より安い会費を提示し、差額は自腹を切ったことがあります。その理由は、参加者の中に、確実に会費が高いとイチャモンをつける人がいることが分かっていたからです。

そのような人と論争するのはまったくの時間のムダでしかありません。かと言って、その人が満足できるような価格の店にしてしまっては、全体のクオリティが落ちてしまいます。本当はよくないことなのかもしれませんが、筆者は迷わず、差額を自腹で負担しました。

面倒なトラブルに巻き込まれず、貴重な時間をムダにしなかった分、それは賢い支出だったと思っています。

職場でのお土産を義務と考えるのか、自分の手間を最小限にする投資だと考えるのかで、お土産に対する考え方も大きく変わってくるのです。

○ プチ贅沢な女子会に価値はあるか

B子さんは、時々、友人達とプチ贅沢な女子会を開催しています。ちょっと高めのレストランなどで食事とおいしいワインを楽しんでいます。

気の置けない仲間との会食は楽しいのですが、今回の女子会では、女子会の開催意義をめぐってちょっとした論争？になってしまいました。

きっかけは、友人の一人が、「これってプチ贅沢なんじゃなくて、プチ浪費なんじゃないの？」と発言したことです。B子さんは「たまにだし、楽しいんだから、いいんじゃない？」とは言ってみたものの、友人の意見ももっともな感じもしてきました。

他の友人も、浪費とまでは言い切れないまでも、「もっと安い値段で女子会をした方がいいのかなあ」などと言っています。

こうしたことについて、B子さんは、これまであまり考えたことがありませんでしたが、真正面から問われてしまうと、ムダなお金を使っているのではないかという気もしてきました。

ワンランク上の体験でのお金の生かし方

今の自分の状態よりワンランク上の体験をすることは決して悪いことではありません。それが自分のモチベーション維持に役立つのであれば、むしろ積極的に取り組んだ方がよいでしょう。

ただB子さんの友人が指摘するように、漫然とプチ贅沢をしているだけだと、それは単なる浪費に終わってしまうかもしれません。このあたりについては、しっかりと理解をしておいた方がよいと思います。

いつも同じような環境で食事をしたり、集まったりするのは、余計な気を遣わないで済むというメリットがありますが、変化に乏しくなってしまうという欠点もあります。ちょっとリッチな店に行けば気分も高まりますから、たまにこうしたお店で会食するのはいい効果もあるわけです。

昼食を挟んだ会社の会議でも、高いお弁当を用意すると、ムダな議論がなくなると言われていますが、これもあながちウソではないでしょう。

またランクが異なるサービスの内容を知っておくことは、金銭的なリテラシーを高める効果もあります。

本書では何度か指摘していますが、価格とサービスは必ずしも正比例する関係にはありません。**どの程度のサービスが、どの程度の価格で提供されているのかについて、皮膚感覚で知っておくことは、とても大事なことです。**

同じようなお店にばかり行っていると、こうした感覚が鈍ってしまいます。そうなると、自分が受けているサービスがリーズナブルなのかどうかについても、正しい判断ができなくなってしまいます。そうなってしまうと、結果的にあなたの金銭的な感覚も低下してしまい、お金が離れていってしまいます。


普段行くお店と違うお店に行くことのメリットはほかにもあります。周囲の客層が大きく変わり、いろいろな刺激になるのです。

筆者はどの飲食店に行っても、必ず周辺にいる顧客を見て、どんなタイプの人が、どんな状況で来店しているのか考えるようにしています。

先日、都心のある高めのレストランに入ったところ、女性の親子が隣の席に座りました。少し離れた席には、外国人のビジネスマン風の人が座っています。

娘さんの方は、子どもに関する話題から40代前半と考えられますので、母親は60歳以上でしょう。この母親は、公衆ＷｉＦｉの電波について、どこが強くてどこが弱いという話をしていました。ＩＴとは無縁の高齢者は多いのですが、土地柄を考えると、こうしたＩＴを駆使する高齢者も一定数存在していることが分かります。

別な日に、下町の立ち食いソバ屋に入ったのですが、そこでは店の主人と近所のお店の奥さんとおぼしき人物が、その地域を選挙区とする国会議員について、息子の結婚式にいくら包んだという話を延々と繰り返していました。

Ｂ子さんたちの女子会が、いろいろな意味で刺激となり、情報収集の場になっているのであれば、それは浪費ではなく投資となります。

しかし、ちょっと高い店に、無目的にただ集まっているだけなのであれば、それは友人が指摘するように、ただの浪費ということになるかもしれません。

つまり**プチ贅沢そのものがいいのか悪いのかではなく、それが生きたお金の使い方になっているのかどうかが問題となるわけです。**

○街中と郊外、どっちに住む？

Aさんの知人が引っ越すことになりました。

その知人は、電車で40分かかる郊外に家を借りていたのですが、新しい家は街のど真ん中です。職場までは10分程度しかかかりません。

これだけ利便性のよい場所ですから、当然、家賃は高くなります。Aさんは「家賃が上がって生活が苦しくなるのでは？」と聞きましたが、知人は、「ムダな通勤時間がなくなるだけ有意義な時間を確保できる」とのことで、多少の出費が増えることは気にしていないようでした。

Aさんも、長い通勤時間はストレスなのですが、やはり毎月の出費は気になります。

3カ月後、Aさんは知人と再会しましたが、知人は「引っ越してよかった」を連発しています。Aさんも引っ越しをしようかと真剣に考え始めています。

住む場所でお金の感度を上げる

このところ通勤時間を短くするため、利便性の高い場所に引っ越しをする人が増えてきています。総務省の調査でも、通勤時間が1時間以上という人の割合は年々減少し、30分未満という人の割合は逆に上昇しています。

この動きの背景には、日本の人口減少と産業構造の変化という大きな流れがあります。人口が減ってくると、都市部に人が集まった方が効率がよくなってくるのです。

かつて、日本の産業の中心は工業でしたが、今や工場の多くは海外に移転しており、国内産業のほとんどはサービス業となっています。サービス業の多くは、人と人が接することで成立しますから、一つのエリアに人が集中した方が、都合がよいわけです。

この動きに拍車をかけているのが、スマホの台頭です。

昔と異なり、今はスマホがありますから、ちょっとした時間にいろいろな事ができてしまいます。**つまり時間を有効活用できる人とできない人の差がとてつもなく大きくなっているのです。**

こうした時代にあっては、逆に皆が近くにいることが大きなメリットになります。SNSで話をしていたら、すっかり盛り上がってしまい、近くのカフェに集まり、その場で相談しながら、旅行の予約まで完了するといったことが容易にできてしまいます。

確かにスマホやSNSがあれば、いつでも誰かとつながっていることはできます。しかし、そうであるが故に、直接会ってコミュニケーションをする価値が上がっているという皮肉な状況なのです。

より便利なところに引っ越したというAさんの知人の選択は、多少のコストを払ったとしても、メリットの方が大きいでしょう。

実は筆者自身もかなり前から、郊外の家を引き払い、都心に住んでいるのですが、通勤時間がなくなることは生活に劇的な変化をもたらしました。

以前は通勤時間を読書などに費やし、時間を有効活用していたつもりでした。しかし、電車で読書をするのは、それしかすることがなかったからであり、その時間が自由に使えるということになると、現実の行動はまったく違ったものになってしまったのです。

雑誌や書籍などを漫然と買うということはなくなりましたし、何より、飲みに行く回数が減ってしまいました。自宅のすぐ近くに繁華街があるのにナゼ?と思うかもしれませんが、人間とは不思議なもので、いつでも行けると思うと、行かなくなるものなのです。

その結果、筆者の生活費は、家賃は上昇したものの、モロモロの支出が減少して、ほとんど変化がありませんでした。

逆にメリットは計り知れないものがあります。近くに住んでいる人同士では、気軽に会うことができるようになりました。

通勤時間が長いと、人と会食することは一大イベントですから、妙に気合いが入ってしまいます。しかし、お互いに近くに住んでいるのであれば、そのように気合いを入れる必要はありません。軽く飲んで食べて、情報交換をしたら、あっさり帰宅するということができるようになります。

気軽に人に会えますから、得ることができる情報の量や質は格段に増えたと言えます。

人の好みはそれぞれですから、郊外の落ち着いたところで生活したいという人はそれを選択すればよいでしょう。**ただ、お金に対する感度を上げて生活したいと考えるのであれば、多少の出費を払ってでも、便利なところに住むことは、これからますます重要になってくるはずです。**

引っ越してよかったという、Aさんの知人の話はおそらく本当だと思われます。

○ 若い時は思い切って自己投資が必要？

B子さんがネットで雑誌を読んでいると、外資系企業を渡り歩きビジネスの世界で成功した人物がお金に対する哲学を語っていました。

それによると、若いうちはあまり細かいことを考えず、自分自身への投資だと思って、思い切ってお金は使ったほうがよいとのことでした。その人物は、時折ちょっと高めのいい服を着ることで、自分もいつかこうした服をいつも着られるようになるのだと自分を励ましていたそうです。また貯金したお金はすべて留学のために惜しみなく使ったとも言っていました。

しかし、こうした自己投資が確実に成果になる保証はありません。場合によってはただのムダ使いで終わってしまう可能性もあるわけです。

B子さんは、まだ自己投資という目的でも、大きな出費をしたことがありません。これでは、大きく稼ぐことはできないのでしょうか？

あなたはどう生きようとしているか

若い時にお金とどう付き合うのかは非常に大事なことです。あまりケチケチせず、思い切って留学に支出するというのも一つの考え方でしょう。

しかしながら、**どのようにお金と付き合ったらよいのかは、その人がどういう人生を送ろうとしているのかによっても大きく変わってきます**。こうした話題について考える場合には、どの答が正しいのかということよりも、自分はどう生きようとしているのかについて考えた方が、いい結果を導き出せるはずです。

人の生き方にはいろいろな価値観がありますが、やはり多くの人にとって重要なのは、どのような仕事について、どのようにお金を稼ぐかという点だと思います。

雑誌に登場した人物は、外資系企業を渡り歩いて成功した人です。あくまで一般論ですが、外資系企業は、最初のうちは安月給ですが、抜擢されて高い地位につくと一気に年収が上がるケースが多くなっています。

筆者は基本的に、自身の経済力を学歴だけに頼ることについては懐疑的です。しかし、外国企業の中にはＭＢＡ（経営学修士）の保有が入社の最低条件になっているところも少なくありません。

こうした企業で働くことを前提にするならば、留学してＭＢＡを取るための費用は必要経費ということになります。英語も必須でしょうから、そのためのレッスンにお金を投じてもよいでしょう。

これに対して、公務員や伝統的な大企業など、基本的につぶれる心配がない企業に勤めていて、転職をするつもりがない人にとっては若い時の自己投資はあまり意味がありません。むしろ目の前の仕事をしっかりこなして、社内での昇進を確実にした方がよいでしょう。コツコツと貯金に励むことにもそれなりのメリットがあります。

一方、独立などを考えているのであれば、話はまったく逆になります。独立するということになると、やはり軍資金が必要です。自分への投資以前に、先立つものの確保が必要ですから、一心不乱にお金を貯めることには意味があるわけです。

時代の変化は激しいですから、今、考えたキャリア・プランが10年後もまったく同じであるとは限りません。しかし、大きな枠組みとして、どのような人生を送ろうとしているのかという部分についてはそうそう変わるものではないと思います。具体的なキャリア・プランよりも、こうした基礎的な部分をしっかり固めることが大事です。

もし何をしたいのかよく分からないという場合には、とりあえず目の前の仕事において、高い成果を出せるよう工夫してみるのもよいでしょう。また独立・起業など、何となく興味を持っている分野があれば、まずは積極的に情報収集をしてみることも重要です。多少高くても、関連する書籍を片っ端から読んでみるというのもよいかもしれません。実際にやることに比べれば、情報収集のための出費などたかが知れています。

もっともよくないのは、漠然と物事を考えることです。留学などの自己投資をする人の中には、そのような支出をすれば何となく現状を変えられるのではないかという理由で決断してしまう人がいます。

自己投資はものにもよりますが、決して小さい支出ではありません。

現在の自分の置かれている状況や、自己投資への効果についてしっかりと分析しないまま支出をしてはいけないのです。

無計画な自己投資は、ストレス解消でむやみに高額商品を購入することと、本質的に同じです。これは生きたお金の使い方とは言えないでしょう。

○クレジットカードは何枚？

Aさんはクレジットカードを2枚持っています。1枚は普段使いのカードなのですが、もう1枚は会社から頼まれて作ったカードなのでほとんど使っていません。実質的にはカード1枚と言ってよいでしょう。

先日Aさんは雑誌でクレジットカードのことが取り上げられていたので、周囲の人のカードをチェックしてみました。パターンはいろいろでしたが、同僚の一人は、ゴールドカードを持ち、それ以外にも複数のカードを持っていました。

ランチでたまたまその同僚と一緒になったので、カードをたくさん持っている理由を聞いてみました。彼が言うには、イザという時のためと、使った記録が残るのでお金の管理がしやすいとのことでした。確かに彼は、ちょっとした買い物でもカードをよく使っています。

大きな買い物をする時以外、基本的にクレジットカードを使わないAさんとは正反対でした。

その支出は生きたお金の使い方か

筆者は、**生きたお金の使い方をすれば、お金に縁のある生活を送ることができると考えています。**しかし現実問題として、自分が生きたお金の使い方をしているのかどうか判断することはとても難しいことです。

しかしここにはさらに大きな盲点があります。ほとんどの人が、生きたお金の使い方をしているのか判断する以前に、自分が何にお金を使ったのか、よく把握していないことがほとんどなのです。

自分が何に対して支出をしているのかしっかりと把握することができてはじめて、そのお金の使い方について判断することが可能になります。

その点で考えれば、積極的にクレジットカードを使うことには意味があると考えられます。クレジットカードであれば、すべての支出について記録が残るからです。

マネーリテラシーや節約術の分野では、お金の出入りをしっかり管理することが重要とされています。筆者もまったくそれに同意見なのですが、正直に言うと筆者自身は家計簿というものをつけたことがありません。家計簿をつけるという作業はやはり面倒なものです。その行為自体が好きな人でなければ、長期にわたって継続することは難しいのではないでしょうか？

その点クレジットカードは、カード会社の方で利用明細を取りまとめてくれますから、こちらの手間はかかりません。

中には、支出項目が、決済会社の名前になっていて、何に出費したのか分からないこともありますが、全体からすればごくわずかです。毎月明細をざっとチェックするだけでも、自分が何に対してお金を使っているのかよく分かります。

ここで重要なことは支出の中身を自分でチェックできるようにすることですから、必ずしもクレジットカードである必要はありません。デビットカードでもいいですし、プリペイド式のカードでもよいでしょう。各種の電子マネーでも構いません。とにかく、余計な手間をかけずに明細が手に入ることが重要なのです。

カードを多用しているAさんの友人は、お金の管理という意味では合格ですが、何枚もカードを持っているのは必ずしもいいこととは限りません。特に有料のカードだった場合には、会費との投資対効果を考えなければ、むしろ損しているかもしれないのです。

それはともかく、**支出をチェックする時のポイントは、その支出が、将来お金になるた**

めの支出かどうかという点です。

同じ洋服への支出でも、衝動買いしてしまい、結局ほとんど着ないことになってしまった服と、仕事での勝負服ではその意味がまるで違います。人との食事に使ったお金も同様でしょう。**単なる暇つぶしだったのか、有益な時間を過ごせたのかで、その支出は浪費にも投資にもなるわけです。**

こうしたチェックはできるだけシンプルにすることが大事です。

あまり細かいことは考えずに、何となくでいいですから、投資になったと思えばマルを、ただの浪費だったなと思えばバツをつければよいのです。重要なのは、これを長期間継続し、その変化を見ることです。

チェックをスタートした月には、マルの数は少なくほとんどがバツだったかもしれません。しかし、3カ月、半年、1年と経過していくうちに、この割合が変わってくる可能性があります。というよりも、マルの割合が上がるよう、日々、努力していくのです。

しばらく経ってみると、マルがつく割合が大きく増えているかもしれません。そうなればこっちのものです。それは知らず知らずのうちに、生きたお金の使い方を身につけたということを示しているからです。

○資格試験に夢中になっていると資格貧乏になる？

Aさんは最近、資格試験の勉強を始めました。月並みな理由ですが、自分のスキルをもう少し高めておきたかったからです。これも一種の自己投資ということになります。

ところが、資格試験の勉強をはじめた矢先、衝撃的な記事を目にしてしまいます。資格試験ばかりに夢中になっていると「資格貧乏」になってしまうというものです。その記事では、せっかく資格を取っても、実際にそれを仕事に生かすことができず、それまでの費用や努力がムダになってしまったケースがたくさん紹介されていました。

記事に登場していたある成功者の話によると、今後、資格に対するニーズはますます減ってくるとの見解でした。資格にばかり頼っているとお金持ちになるのは難しいそうです。

もちろんAさんは、この記事を読んだからといって、資格の勉強をすぐにやめようとは思っていません。しかし、努力して資格を取っても本当にそれが自身のスキルアップにつながるのか、100%自信が持てないのも事実です。

資格は自分への投資になるのか

ビジネスで成功した人の多くが、資格試験に対してはあまりプラスの評価をしていません。もちろん医師免許や弁護士資格、運転手など、法律の規制によって、その職業に従事したければ、絶対に資格を取らなければならない仕事というものが存在します。

資格試験に対してネガティブというのは、おそらくそういうことではなく、何となくスキルアップするために、資格に頼るという姿勢はよくないという意味だと考えられます。そういった考え方については筆者もまったく同感です。

資格はないよりもあった方がよいですが、お金持ちになるという観点では、ベストな方法とは言えません。なぜなら資格というものは、その効力に関して、それを認可している側（多くの場合は政府）にすべて依存してしまうからです。

例えば税理士という資格があります。法律によって税理士でなければできない仕事というのがありますから、それを持っていればその仕事に就くことができます。

しかし、こうしたルールは未来永劫同じとは限りません。法律が改正になり、これまで税理士しかできなかった仕事が、無資格の人にも開放される可能性はゼロではないのです。最大の問題点は、こうした動きについて、自分自身ではコントロールできないという点です。

資格によるキャリア・アップというのは、どうしても資格を出す側の意向に左右されてしまいます。

弁護士の資格については、かつては司法試験を受験するだけでしたが、最近では法科大学院（ロースクール）導入で、制度が大きく変わってしまいました。しかし、新しい制度にも問題が多く、法科大学院の中には運営を中止してしまったところもあります。あらゆる資格がこうしたリスクを抱えています。

これに対して、マーケットの中で、自然な形で獲得してきたスキルは、普遍性がありま す。環境が変わっても、いろいろな形に応用できることが多いのです。**単純に資格を取ろうと勉強するよりも、こうした普遍的な稼ぐ力を、日々の仕事の中で獲得することの方が、現実的で、かつ効果も高いのです。**

資格については、以下のように考えるとよいでしょう。

どんな仕事にも共通する、稼げる人の仕事のやり方というものがあります。まずはこれを身につけることが重要です。その上で、資格がなければ参加できない分野に自分が進出することで、その中でより高い利益を上げることが可能と判断できるのであれば、ツールの一つとして資格を利用するのです。

不動産投資で大きな財をなしたある若手実業家は、サラリーマン時代に仕事上の必要性から司法書士の資格を取ったのですが、独立後、彼が行ったビジネスは単純な司法書士の仕事ではありませんでした。

司法書士の多くが、実は資格は持っているものの、なかなかいい仕事がなく、経済的に困っていたのです。彼はそこに目をつけ、司法書士の仕事を一括で受注し、各地にいる仕事がなくて困っている司法書士にその仕事を割り振る事業を開始しました。司法書士の一括元請けのようなビジネスです。彼は、それだけで億単位の資産を築くことができたそうです。

彼にとっては、資格は一つの入り口にしかすぎません。資格だけに頼っていると、このような人物に手数料を払って、仕事をもらうという状況になってしまいます。

あくまで資格は道具にすぎないということを、ドライに割り切れるのかどうかが、資格と上手に付き合うコツと言えそうです。

○

おわりに　お金の胆力の身につけ方

本書に登場したAさんとB子さんは、その後どうなったのでしょうか？筆者は、AさんとB子さんの将来については記述しませんでしたので、ここで、少し想像してみたいと思います。

基本的にAさんとB子さんは、まじめな人です。どちらかというと慎重で、あまり衝動的に動く人ではありません。多少、人に流されるところがありますが、自分を見失うようなことはないはずです。

実はこのタイプの人は、日本人には非常に多いと考えられます。AさんとB子さんのキャラクターをこのように設定したのは、二人が典型的な日本人だからです。

結論から先に言うと、二人は、そこそこリッチな生活を送ることができそうです。**生きたお金の使い方ができず、浪費ばかりしていると、基本的にお金を貯めることができません。二人は、いろいろなことに疑問を持ったり、考えたりしていますから、それだけでも、大きなアドバンテージです。**

一方で、二人の欠点は、やはり思い切りに欠けるという点でしょう。

お金に対して慎重なだけではやはり不十分です。ある時には、大胆に決断するという胆力も必要となります。二人が、この胆力を身につけることができれば、将来的な経済状況はさらによくなってくるはずです。

本書を読んでいただいた読者の方はもうお分かりだと思いますが、胆力は天から授かるようなものではなく、トレーニングで身につけることが可能です。

トレーニングと言っても、滝に打たれるような荒行をするわけではありません。

正しい知識を身につけ、準備をしっかりしていれば、どんな事態が目の前に迫ってきても、どっしりと落ち着いていることができます。チャンスが来た時にも、舞い上がらず冷静に対処できるでしょう。

つまり胆力を鍛えるトレーニングというのは、正しい知識を身につけ、合理的に振る舞うということに尽きるのです。これはすべて日常生活の中で培われるものです。

お金持ちになりたければ、目の前のムダを排除し、生きたお金の使い方をしなければなりません。そのためには、従来の常識は少し疑ってかかる必要があるかもしれませんし、人との軋轢も多少は覚悟する必要があるでしょう。こうしたことを乗り越える勇気がある人にこそ、お金は集まってきます。

本書は、筆者の前作に引き続いて、清流出版の秋篠貴子さんの尽力で完成にこぎ着けました。深く感謝の意を捧げたいと思います。

加谷 珪一

ブックデザイン　西垂水敦＋喜來詩織（tobufune）

加谷珪一　かや・けいいち

評論家。東北大学卒業後、ビジネス系出版社に記者として入社。投資ファンド運用会社に転じ、企業評価や投資業務に従事。その後、コンサルティング会社を設立し代表に就任。数理シミュレーションを用いたコンサルティング手法を得意とする。

お金持ちに特有の行動パターンを解き明かした「お金持ちの教科書」など複数のWebサイトを運営。お金持ちの行動分析から成功法則を見出し自らも実践した。現在は、億単位の資産を運用する個人投資家でもある。ビジネス、経済、マネー、IT、政治など、多方面の分野で執筆を行っている。著書に『お金持ちの教科書』『大金持ちの教科書』(CCCメディアハウス)、『あなたの財布に奇跡が起こるお金の習慣』(かんき出版)、『お金は「歴史」で儲けなさい』(朝日新聞出版)、『稼ぐ力を手にするたったひとつの方法』(清流出版)など。

『人間関係が驚くほどうまくいく　応援思考』

辻秀一

苦手なあの人を応援すると…
すべてがうまく回り始める!
人間関係の悩みを消し去り
パフォーマンスを劇的に
向上させる
魔法のメソッド!

［本体1400円+税］

清流出版の好評既刊本

お金持ちになる習慣

「生きたお金の使い方」が身につく本

2015年7月27日　初版第1刷発行

著　者　　　加谷珪一

発行者　　　藤木健太郎
発行所　　　清流出版株式会社
〒101-0051
東京都千代田区神田神保町3-7-1
電話　03-3288-5405
編集担当　秋篠貴子
http://www.seiryupub.co.jp/

印刷・製本　大日本印刷株式会社

乱丁・落丁本はお取り替えいたします。
ISBN978-4-86029-432-8